潘镇，博士、教授、博士生导师，南京师范大学商学院院长，现为美国管理学会（AoM）会员、国际商务学会（AIB）会员、中国管理国际研究会（IACMR）会员，兼任南京师范大学金融工程与管理研究所所长。在《管理世界》《世界经济》《中国工业经济》等杂志发表50余篇论文，出版或合作出版专著4部；承担了包括国家自然科学基金项目、教育部人文社科规划项目等在内的10余项科研项目；入选江苏省"333工程"培养对象、江苏省"青蓝工程"优秀青年骨干教师；曾获江苏省哲学社会科学优秀成果奖、江苏省优秀研究生课程等多项教学科研奖励。

副主编简介

　　李金生，博士、教授、硕士生导师，南京师范大学商学院副院长，兼任南京师范大学医药经济研究所所长、南京师范大学能力研究所副所长、江苏省企业发展与管理工程学会副秘书长、江苏省价格认证协会理事，全国高等师范院校《资本论》研究会常务理事，江苏省《资本论》研究会常务理事。入选南京师范大学"百人计划"培养对象、"青蓝工程"优秀青年骨干教师培养对象。近年来被聘为江苏省政府政策咨询专家、江苏省物价局价格决策专家委员等。

陶士贵，博士、教授、博士生导师，现任南京师范大学商学院金融系书记。在《中国软科学》《财贸经济》《改革》《国际金融研究》等刊物上发表论文数十篇，其中权威期刊多篇。主持国家社科基金项目、教育部规划项目、江苏省社会科学基金项目、江苏省软科学研究项目、江苏省教育厅哲学社会科学研究项目多项。

甄珍，博士、讲师。先后在《科技进步与对策》《管理工程学报》《中国产业经济评论》《科学学与科学技术管理》《上海财经大学校报》等杂志发表论文20余篇。其中，多篇论文参选中国企业管理案例论坛、中国管理学年会、Annual Meeting of the Academy of Management in Chicago等国内外学术会议；一篇案例论文被评为全国百优案例（2015），两篇教学案例论文入选全国百篇优秀管理案例库（2013、2015）。

马吟秋，博士、副教授、硕士生导师。在《管理学》《人力资源管理》等刊物上发表十余篇论文。2012年获国家教育部MBA教学委员会颁发的一等优秀案例奖。2006年至今被聘为南京大学商学院兼职教授。社会职务为日本经营学会会员、中国国际管理学会会员、南京高科技电子商务公司人力资源总监等。

许芳，博士、教授、硕士生导师。出版专著《产业安全的生态预警机制研究》《企业共生论》等。在《中国社会科学文摘》等权威或核心刊物上发表论文40多篇；主持完成国家社科基金课题1项、国家软科学计划1项、省级课题3项，参与完成国家级课题1项、省级课题2项、政府和企业课题多项；主编《组织行为学》《东西方管理思想史》《管理学》等教材。

陈志松，博士、副教授、硕士生导师。在《Renewable Energy》《Journal of Renewable and Sustainable Energy》《Water Resources Management》《中国管理科学》《管理工程学报》等国内外重要学术期刊上发表论文30余篇。主持国家自然科学基金、中国博士后科学基金等多项科研项目。曾获得第四届全国百篇优秀管理案例奖、第二十届江苏省企业管理现代化创新成果一等奖、商学院社会服务先进个人等荣誉称号。

卞曰瑭，博士、副教授、硕士生导师。主持承担国家自然科学基金项目、教育部人文社科基金项目、江苏省高校自然科学基金项目各1项。在《Physica A: Statistical Mechanics and Its Applications》《Discrete Dynamics in Nature and Society》《Journal of Bionic Engineering》《China Finance Review International》《Chinese Journal of Electronics》《中国管理科学》《管理工程学报》《系统工程》等国内外核心期刊上发表论文30余篇。

刘雪梅，博士、副教授、硕士生导师。在国家权威和核心期刊上发表专业学术论文20多篇，参编教材4部，参与撰写学术著作4部，参与国家"863"主题项目、国家社会科学基金项目、教育部人文社会科学基金规划项目、国家水利部项目等研究工作。主持江苏省社科应用研究精品工程1项、南京师范大学教育教学改革项目2项。现为世界经济发展学会常务理事兼秘书长、中国人的发展经济学学会理事兼秘书长。

李健，博士、副教授、硕士生导师。研究方向为社会资本、战略、创新。在《金融研究》《中国软科学》《南开管理评论》《经济管理》《中国经济问题》等期刊发表论文多篇。主持国家自然基金1项，参与国家自然基金4项。科研成果获得江苏高校第九届哲学社会科学研究优秀成果奖三等奖，两次获得江苏省哲学社会科学界奖项，参与南京地税、南瑞集团等多家企业的项目咨询。

NANJING NORMAL UNIVERSITY
1902
NNU

随园商业

案例集

潘　镇◎主　编

李金生◎副主编

（第2辑）

经济管理出版社

ECONOMY & MANAGEMENT PUBLISHING HOUSE

图书在版编目（CIP）数据

随园商业案例集（第2辑）/潘镇主编. —北京：经济管理出版社，2017.12
ISBN 978-7-5096-5578-8

Ⅰ.①随…　Ⅱ.①潘…　Ⅲ.①企业管理—案例　Ⅳ.①F272

中国版本图书馆 CIP 数据核字（2017）第 314006 号

组稿编辑：申桂萍
责任编辑：侯春霞
责任印制：黄章平
责任校对：张晓燕

出版发行：经济管理出版社
　　　　　（北京市海淀区北蜂窝 8 号中雅大厦 A 座 11 层　100038）
网　　　址：www. E-mp. com. cn
电　　　话：（010）51915602
印　　　刷：北京晨旭印刷厂
经　　　销：新华书店
开　　　本：720mm×1000mm/16
印　　　张：15.75
字　　　数：187 千字
版　　　次：2017 年 12 月第 1 版　　2017 年 12 月第 1 次印刷
书　　　号：ISBN 978-7-5096-5578-8
定　　　价：68.00 元

序 言
Preface

　　我国的经济社会发展正步入一个新的时代，高等教育在新时代肩负着新使命。锐意进取的高等教育创新和人才培养实践需要面向新时代、赢得新时代、领跑新时代。在新的发展时期，全面提高高校教育质量、系统推进课程教学改革已经成为国家战略、政府意志和社会共识。在"以学生为中心"的课程改革观中，"课"提供了教学的内容或原材料，而"程"是真正实现师生教学积极性、主动性和创造性的关键。

　　随着人类社会从工业经济时代向网络经济时代、知识经济时代转变，非理性和不确定性开始广泛出现于商业组织实践中。越来越多的人开始认识到商业组织的运营不是一个线性的机械系统，而是非线性的复杂系统。过去以教师为中心的简化、抽象的知识"灌输式"教学程式已不再适合对复杂商业系统的探究。自20世纪初哈佛大学首创案例教学以来，"全景式"体现复杂商业系统运行现实的案例教学已经成为世界一流商学院普遍采用的教育方法。通过开发将商业系统运行实际情境再现的商学案例，提供了一个教师引导学生直观感受、独立分析、相互讨论的教学平台，以学生为中心的"自主参与""理论探究""实践创新"的案例教学对培养学生分析问题和解决问题的能力具有直接的帮助，明显提高了学生学习的积极性和主动性。因此，推动和提高中国管理案例教学与研究水平，成为我们在新时期培养高水平经营管理人才的时代要求。

正如中国管理案例共享中心提出的"统一规范、分散建设、共同参与、资源共享"的基本宗旨，我国高层次的商科人才培养正日益强化与中国商业实践的紧密联系，推动案例教学与研究工作向纵深发展。南京师范大学商学院秉持"正德厚生，笃学敏行"的校训精神，以百年南师深厚的人文底蕴和丰富的商学办学经验为根基，以"培养商业精英，推动知识创新，服务经济发展"为使命，以"相互尊重、自觉奉献、求真上进、和谐包容"为文化价值观，锐意进取，开拓创新，追求卓越。近年来，南京师范大学商学院筹备成立了"南京师范大学商学案例研究与教育中心"，积极整合高校、企业、政府部门等各方力量，研究和开发商业教学案例，组织和动员商学院师生积极开发了多篇高质量的原创性、实用性商业案例。经过持续努力，截至 2017 年底，南京师范大学商学院已连续三年获得全国管理案例开发"最佳组织奖"，开发教学案例 30 多篇，被中国管理案例共享中心收录入库的案例 25 篇，其中"全国百篇优秀管理案例" 9 篇，在税务风险、税收筹划等领域形成了鲜明的案例开发特色。目前，商学教学案例库建设正步入高质量的快速发展阶段，为理论与实践相联系提供了重要的教学资源，为南京师范大学商学院"培养商业精英，推动知识创新，服务经济发展"的立院使命提供了有效支撑，为促进国内商学院的案例教学与案例研究的繁荣发展做出了积极贡献。

南京师范大学组织优势学科力量，通过长时间的精心筹划，编著出版《随园商业案例集》。《随园商业案例集》各辑中的商业案例均精选于南京师范大学教师在中国管理案例共享中心发表的"全国百篇优秀管理案例"和入选"中国管理案例共享中心案例库"的商业案例。《随园商业案例集》的商业案例主题涵盖战略管理、国际贸易、技术创新、人力资源管理、公司治理、金融管理、危机管理、商业伦理、市场营销等多个专业领域，题材广泛、类型众多。同时，该商业案例集提供了商业案例正文和案例使用说明，这对促进教师在教学实践中使用案例教学至关重要，也为其他读者自行学习案例中所蕴含的商业知识提供了清晰的指导思路。本书中的案例编写具有较高的质量，将理论知识与商业实践较好地结合在一起，适用于 MBA、MF 等专业学位研究生、学术型研究生的学习参考，同时可用于经济学和管理学各本科专业的人才培养，还可用于企事业单位提升中高层管理人员经营管理能力的培训实践。

《随园商业案例集》由南京师范大学商学院院长潘镇教授担任主编，组织多领域专家共同参与编著，今后将陆续出版各辑商业案例，服务于我国经济学和管理学的高层次人才培养。"中国管理案例共享中心案例库"在全国商学院师生们以及企业界领导的鼎力支持和帮助下坚持与落实"共享模式"，维护案例圈的良好生态系统。南京师范大学商学院编著出版《随园商业案例集》是推进高层次商科人才培养和丰富教学资源的重要举措，有利于推进国内商学院案例教学与案例研究的繁荣发展。希望南京师范大学商学院今后的商业案例开发、案例研究和案例教学在高层次人才培养中再创辉煌。

中国管理案例共享中心　主任

大连理工大学　经济与管理学部部长

目 录
Contents

案例正文篇

基于税务风险的 YT 公司
发展战略转型与创新*

　　摘　要： YT 公司是一家为某特定大宗商品提供非标准化合约的电子交易平台服务公司，公司旗下有 50 余家会员单位及若干家居间商，平台、会员单位、居间商构成了整个平台运作的三层架构，近年来发展势头强劲。YT 公司的经营模式实质上是一种新型的金融衍生创新业务，由于经营过程中很多税务处理还不尽规范，在税收政策的执行中还有很多模糊地带，为公司带来了税务风险，并由此引发了企业发展战略转型与创新的问题。本案例从多个角度分析了 YT 公司及平台的税务风险、税收政策问题和管理困境，对企业规范税收行为、税收筹划对于新兴行业拓展业务的重要性、加强内部控制与企业持续稳定发展等问题进行了探讨，并进一步延伸到对新形势下企业在发展中如何主动地看待

　　* ①本案例由南京师范大学商学院李金生，江苏省南京地方税务局姜进、张恒、肖湘、傅斌、杨林、孟菲撰写，作者拥有著作权中的署名权、修改权、改编权。

　　②本案例入选"全国百篇优秀管理案例"，被中国管理案例共享中心案例库收录，并授权中国管理案例共享中心使用，中国管理案例共享中心享有复制权、修改权、发表权、发行权、信息网络传播权、改编权、汇编权和翻译权。本书经中国管理案例共享中心同意授权引用本案例。

　　③由于企业保密的要求，在本案例中对有关名称、数据等做了必要的掩饰性处理。

　　④本案例只供课堂讨论之用，并无意暗示或说明某种管理行为是否有效。

税务管理、如何担当起应尽的社会责任等问题的讨论。

关键词：税务风险；税收筹划；战略转型

引 言

连绵半个多月的阴雨天终于放晴了，YT 公司总裁办公室的秘书小张刚整理好总裁一天的行程安排。这时，"叮铃铃"，桌上一角的红色外线电话机响了起来。"您好，这里是 YT 公司。""您好，我是××地税局，根据我们的风险应对计划安排，我们将于下周对你们 YT 公司进行税务约谈……"接着，"税务要来检查了"的消息像一阵风似地传遍了公司的高层和中层。在公司会议室里，综合中心、市场中心、运营中心和技术中心等各部的高层和中层管理人员齐聚一堂，大家对即将到来的税务检查深感焦虑：为什么查？查什么？税务风险是什么？我们在哪些方面有违反税法的情况？……中高层管理人员原本欢快的心情都被这通电话给破坏了。此时，YT 公司的财务总监孙总心里很清楚：虽然这几年公司发展态势强劲，但是由于公司经营模式实质是新型的金融衍生业务，是一个新兴的经营业态，现行税收政策体系对该业态仍有很多模糊地带。如果维持现行的经营模式，可能会给公司带来巨大的涉税风险；如果规范公司的涉税业务，公司将面临难以持续发展的管理困境。究竟是维持公司的经营

现状，还是规范重整公司的经营业务？公司是时候做
出决策了……

1 公司发展及现状

1.1 公司及交易平台基本情况

YT 公司成立于 2011 年 11 月 23 日，是由江苏省
人民政府发文批准成立的，注册资金为 1 亿元，经营
项目范围主要包括为贵金属提供非标准化合约的电子
交易平台服务、贵金属销售、贵金属项目投资等。

YT 公司自 2010 年底开始筹资组建，2012 年 3 月
试运营。自组建以来，YT 公司一直遵守"规范运作、
稳健发展"的宗旨，有序运营，于 2013 年 2 月获得国
务院清理整顿各类交易场所部际联席会议备案，同年
5 月通过了江苏省人民政府关于各类交易场所清理整
顿工作的验收，并获得批复，成为南京市唯一，乃至
长三角地区极少予以保留的商品类交易场所之一。

作为多层次资本市场体系中的重要组成部分，YT
公司运用电子商务技术为客户贵金属交易提供在线数
据处理与在线交易等服务。2014 年，在江苏省人民政
府金融工作办公室的指导下，YT 公司提出新交易模
式，解决了行业高速发展中存在的问题，提供了继续
成长的原动力，更好地服务实体经济。同年，YT 公司

挺进中国大宗商品行业。

1.2 YT 公司交易平台的组织结构

为了保证新交易模式的有序运营，YT 公司为交易平台设计了三层架构（见图 1）：

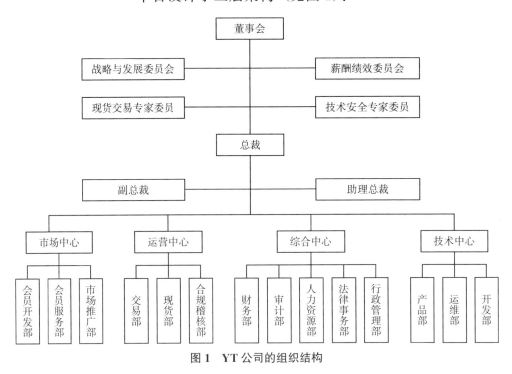

图 1 YT 公司的组织结构

（1）第一层为平台本身。平台本身由 YT 公司独立构建和运营，主要为现货交易提供信息和技术服务，即提供一个可靠的操作平台供投资者投资运作。

（2）第二层为会员单位。会员单位必须是在平台注册，与 YT 公司签订合作协议，为客户提供投资理财咨询服务的金融机构，是经江苏省工商管理局登记实行自营性管理的公司制法人。会员单位主要从事贵金属现货买卖、电子盘交易、贵金属投资管理及咨询服务等业务，具有专业的投资分析团队，为广大投资者及时传递全球金融资讯、贵金属市场行情，并提供相关分析服务。

（3）第三层为居间商。居间商负责为平台招揽参与贵金属交易的客户，会员单位同居间人签订居间协议，会员单位根据居间人的贡献大小，按不同的标准支付给居间人报酬。

1.3　YT 公司交易平台的业务流程

YT 公司由江苏省人民政府发文批准成立，主要为会员单位提供现货电子交易平台服务。该交易平台受江苏省金融办监管。YT 公司类似于股票交易中的上海证券交易所，各会员单位类似于证券营业部。

YT 公司的交易流程是：会员单位先与客户签订协议书，客户去银行开一个交易账号，由银行绑定客户的开户账户，然后由客户自己打进最低 5 万元的金额（保证金）到该账户。会员单位事先要审核客户的基本信息，审核通过后，会员单位才让客户激活账号，客户才能进行特定商品的现货买卖交易（买空卖空）。

会员单位负责招揽客户。会员单位招揽客户的方式有互联网平台、打电话咨询、居间商招揽等。会员单位根据居间人的贡献大小，按不同的标准通过转账方式支付给居间商报酬。

1.4　YT 公司交易平台的经营情况

YT 公司及其交易平台经过三年多的运营，已经成为全国知名的大宗商品现货交易平台，规模已经在同行业中位列前三。

YT 公司的业务收入是交易中收取的手续费。交易平台在客户进行"某特定商品"交易时（买或卖）按 0.1% 的标准收取手续费。其中，30% 归 YT 公司，70% 归会员单位。手续费由交易平台自动计算分割。每月 YT 公司按交易平台自动计算分割的收入申报缴税。会员单位按照客户付的 0.1% 手续费的 70% 全额申报缴纳营业税和企业所得税。

2　YT 公司业务模式涉税问题争议

为做好接受税务检查工作，财务部孙总聘请了国内知名会计师事务所 DQ，对此次税务检查进行了同步式自查和分析。在会计师事务所的协助下，YT 公司通过自查发现，在过去几年的经营管理中，尽管公司上缴了不少税收，但是在业务操作的规范性方面还存在一些问题：

（1）YT 公司的会员单位存在部分零星的实物采购及销售，采购的银条是因为部分居间商和客户要求交易平台销售少量银条给他们，同时会员单位为了吸引客户会赠送部分银条。这些可能会涉及有少量的增值税和印花税未及时缴纳。

（2）YT 公司的会员单位在佣金支出上未取得规范的票据，在所得税扣除上存在风险。

针对上述问题，YT 公司立即组织其各家会员单位开展全面自查，全面摸清平台运行中的涉税风险，并进行了相关业务的自查整改：

（1）立即责成相关会员单位按银条的销售额全额补缴相关税收。

（2）经公司内部自查，公司的会员单位绝大部分的企业所得税征收方式为核定征收。这种征收模式是直接按企业的收入数额核定应纳税所得额后缴纳税款，对税前扣除的票据的规范性要求不高。这种征收方式的税负相较于查账征收可能要高，但是这也是各会员单位出于自身账务核算现状，为了规避涉税风险做出的选择。因此，会计师事务所 DQ 认为会员单位上述第二点的风险不是很大。

2.1　税务人员对 YT 公司涉税问题的相关意见

税务机关经过两周对该企业及其平台的纳税评估后认为， YT 公司及其会员单位在营业税、企业所得税佣金以及印花税等方面存在不规范问题，存在涉税风险。

2.1.1　营业税的问题

按现有经营模式，平台收取手续费后，在平台上直接按 3：7 的比例对手续费做了切分，30%汇入 YT 公司账户，70%汇入会员单位账户。经这样划分后，YT 公司和会员单位按各自划得的部分全额计入计税营业额缴纳营业税。在 70%的手续费汇入会员单位后，由于会员单位与居间商签订了佣金分摊协议，会员单位会将获取的手续费收入的 60%~80%以"佣金"的形式付给各居间商，按营业税的计税原则，居间商在获得这些佣金时应按规定缴纳营业税。

2.1.2　会员单位企业所得税佣金问题

在原有的公司组织结构中，平台的三层架构中的第一层平台和第二层会员单位由 YT 公司直接进行控管，YT 公司对平台第三层即居间商的管理较为松散（这些居间商的注册地和实际经营地并不完全一致，各会员单位主营业务成本均为支付给居间商的佣金且无发票，大部分通过银行转账汇款到个人账户）。当时，YT 公司的 55 家会员单位中有三家企业的所得税征收方式为查账征收，三家公司（A 公司、B 公司、C 公司）主营业务成本中列支的佣金无发票，且其佣金支付中支付给个人的佣金数额较大。2014 年具体情况如下：①A 公司列支佣金 763 万元，支付给个人的佣金 438 万元。②B 公司列支佣金 143 万元，支付给个人的佣金 141 万元。③C 公司列支佣金 192 万元，支付给个人的佣金 191 万元。

这三家公司的佣金支付由于未取得合法有效凭证（发票），需要全额调增企业所得税的应纳税所得额，补缴企业所得税；同时，支付汇入个人账户的佣金也未代扣代缴个人所得税，需要进行补扣，并进行相关的处罚。

2.1.3 企业所得税征收方式调整带来的税收风险

除了上述问题之外，税务机关还指出，其会员单位企业所得税征收方式也面临被调整的风险。

出于对会员单位自身核算不健全，向居间商支付手续费的模式、票据不规范等方面的考虑，为规避税收风险，平台大部分会员单位的企业所得税均申请了核定征收，直接以企业的收入额按核定率缴纳企业所得税。从 YT 公司及其部分会员单位的业绩来看，已具有相当规模。YT 公司每年的收入达两三亿元，旗下10 余家会员单位的营业收入也超过了千万元。

2.2 YT 公司及其会计师事务所方面的相关意见

会计师事务所人员认为，税务人员所说的固然有一定道理，但是对于现货交易平台这种新型商业模式，相关税收政策还是不够清晰和明确。

2.2.1 营业税存在重复征缴的问题

由于平台下的会员单位在平台分得 70% 的手续费已经在取得时缴纳了营业税，会员单位将手续费再分给居间商时，如果居间商再按取得的收入缴纳营业税，实际上就造成了分给居间商手续费的重复缴税。

2.2.2 佣金税前扣除比例不合理的问题

从公司会员单位当时的情况来看，确实存在票据取得不规范的问题。在此项业务过程中，会员单位取得了合法有效凭证（发票），由于其支付的是佣金，根据企业所得税的有关规定，佣金的税前只能在 5% 的比例内扣除。各会员单位支付给居间商的佣金都达到 60%~80%，远远超过 5% 的限额规定。

2.2.3 电子交易业务是否应该缴纳增值税还存在疑问

YT 公司的电子交易业务涉及买卖货物，但实际上只是买空卖空的销售业务，并无相应的货物交易实体。因此，在是否需要对照增值税暂行条例计算缴纳增值税方面，还存在着一定的税收疑问。

2.2.4 电子交易业务中无实物性的购销合同是否缴纳印花税还存在争议

与增值税问题类似，平台上的现货交易均为买空卖空，无相应的实物交易，并且这种即时的电子交易，交易双方也未订立交易合同（包括电子合同）。投资者在平台上初始交易时只是与平台和会员单位签订开户合同，并非基于买卖关系的购销合同，不能完全适用购销合同印花税的税收政策规定。与此类似的一些网络交易平台如银行的"纸黄金"交易，交易双方也没有印花税的缴纳义务。

即使这种交易行为应按规定缴纳印花税，但由于投资者均是在平台上交易的个人，这些个人投资者的印花税如何缴纳又是一个问题。这是因为在税法规定中，平台与会员单位均没有代扣代缴义务，存在这部分印花税应该征收却无法执行的问题。

3   YT 公司及平台的税收问题及其引发的发展困境

除了会计师事务所 DQ 公司的意见之外，YT 公司的财务总监孙总也提出："作为新兴产业，我们公司与其他企业不同。我们公司的成本主要是佣金的支付。一方面，佣金支付如果按照正常取得票据的模式，对于整个公司来说，会极大地影响到我们与其他类似市场的竞争力；另一方面，我们认为，5% 的佣金支出比例也不适合我们公司的发展，从而将影响到我们上缴的地方税收。这些都是我们作为新型经济业态在现有税收环境下面临的问题，也说明我们的有关税收政策已经滞后于经济形势的发展，我们觉得这是税务机关在执行税收政策时应该考虑的问题。同时，从支持地方经济发展的角度来说，我们也希望地方税务机关多关注企业自身的发展特点，给我们一些发展空间。"

孙总说的的确是实情，在现行税收政策条件下，

YT 公司及平台确实面临若干税收问题，也由此存在一定的发展困境。

3.1 YT 公司及平台存在的涉税问题

在营业税方面，确实存在重复征税的问题。但是，企业的三层式松散管理结构导致很多会员单位和居间商为了规避营业税重复征收带来的高税负，居间商的分成部分都没有缴纳营业税，会员单位也未向居间商索取发票。

在企业所得税方面，企业所得税问题主要是会员单位的：一是会员单位的年收入在不断增长，原有的企业所得税核定征收的缴纳方式与税务机关的税务管理要求不相适应，面临被税务机关改变征收方式的风险；二是会员单位接受居间商的票据、结算不规范，如改为查账征收企业所得税，则按现有状态无法满足账务核算健全、收入成本计算清楚的查账征收要求，税前扣除面临调整的风险。

从会员单位经营情况来看，仅 2014 年，55 家会员单位中就有 18 家年收入超过 1000 万元，已接到税务机关改变征收方式要求的通知。这些企业由于长期进行核定征收，账务很不健全，如果按税务机关要求进行企业所得税征收方式的调整，就要对企业的账务处理进行重整，这会给这些企业带来巨大的压力。另外，一些企业还要专门聘请专业财务人员进行日常账务处理，相应的成本支出也会有所增加。

从长期来看，这种调整对于整个 YT 平台是有利的，有利于其会员单位内部财务管理乃至内部控制的健全和规范。但是目前整个平台的内部控制体系、会计监督体系构建还不健全，会员单位的企业所得税征收方式调整带来的长期规范与短期阵痛之间存在一定的冲突。

3.2 YT 公司及平台存在涉税问题引发的发展困境

3.2.1 营业税重复征收导致税负偏高

根据国家对于现代服务业的税收扶持状况来看，对于诸多新兴的服务业都已经实行差额征收营业税。有关现货交易行业的手续费分成收入的营业税缴纳，税务部门还未出台相关的政策。如果按营业税的基本原理（《中华人民共和国营业税暂行条例》第五条规定："纳税人的营业额为纳税人提供应税劳务、转让无形资产或者销售不动产收取的全部价款和价外费用。"）来严格规范会员单位特别是居间商的税收及发票开具，则面临以下两个方面的问题：

（1）会造成整个平台的财务压力。会员单位和居间商的整体税负会提高，居间商会借此向会员单位进而向 YT 公司要求提高分成比例，从而造成 YT 公司及会员单位的财务压力。

（2）会造成大量的会员单位与居间商的流失，平台的稳定发展面临挑战。全国范围内与 YT 平台类似的平台还有很多，从大宗商品交易平台来看，YT 平台的规模在当时排在全国第三位。排在前两位的平台也面临与 YT 平台同样的问题和困境。如果 YT 平台要求会员单位及下属居间商单独先行进行纳税调整与业务规范，会造成 YT 平台在国内的竞争中处于劣势，大量的会员单位与居间商会因为税负偏高而流失。

3.2.2 增值税、印花税涉税问题

YT 公司认为，根据国家政策规定，平台上的投资交易行为是否涉及增值税和印花税是存在疑义的。这是因为，该平台在运行过程中，一般情况下是没有实物交割的（买空卖空），如果按商品销售来缴纳增值税和按购销合同来缴纳印花税，显然是不尽合理的。从类似的市场来看，除了股票交易有专门的规定外，也没有类似的规定。当时市场上已出现了较多的如贵金属、不锈钢、文化交易品等电子交易平台企业，国家并没有对这类企业出台相关代征印花税的统一规定。如果对 YT 企业进行征税的话，将严重影响企业会员单位的信心，影响整体成交量，进而影响到企业的效益。因此，企业认为税务部门要求征印花税的行为缺乏政策支撑，也影响到企业的发展。

由于是新兴的行业，与之相关的政策尚不明确，税务部门已经就此问题专门请示上级机关。YT 公司及

其平台增值税、印花税的执行政策还存有不确定性。如果以后政策进一步明确征收，企业又将面临税负的大幅提升，进而将会对企业现有内部业务的正常运行产生影响。

（1）如果交易行为开征增值税，平台的手续费收取比率及平台与会员单位、居间商之间的分成将要重新进行调整，要将增值税开征的影响考虑进去。

（2）如果交易行为开征印花税，对于平台的买卖双方均要征收印花税，YT 公司只是提供一个平台，平台交易方的印花税如何缴纳又是一个突出的问题。如果由 YT 平台来代征税款，就会造成投资者投资成本的增加，影响平台交易的活跃度。从长期来看，这种提高交易成本和门槛的做法，还可能造成平台投资者的流失，使其转向其他平台或以其他投资渠道进行投资。

3.2.3 "营改增"所带来的后期税负不确定性的影响

"营改增"即营业税改征增值税试点改革，是国家实施结构性减税的一项重要举措，也是一项重大的税制改革。营业税是指在中国境内提供应税劳务、转让无形资产或销售不动产的单位和个人，就其所取得的营业额征收的一种税。"营改增"是把以前缴纳营业税的应税项目改成缴纳增值税。增值税是以商品（含应税劳务）在流转过程中产生的增值额作为计税依据而征收的一种流转税。从计税原理来看，增值税是对商品生产、流通和劳务服务中多个环节的新增价值或商品的附加值征收的一种流转税。增值税实行价外税，也就是由消费者负担，有增值才征税，没增值不征税，减少了重复纳税的环节。

自 2012 年 1 月 1 日起，上海市交通运输业和部分现代服务业率先开展营业税改征增值税试点改革，拉开了"营改增"的大幕。同年 8 月，"营改增"试点分批扩大至北京、天津、江苏、浙江、安徽、福建、湖北、广东和厦门、深圳 10 个省、直辖市和计划单列市。按照规划，最快在"十二五"（2011~2015 年）期间完成"营改增"。到 2015 年 4 月，尚有房地产建筑业、邮电通信业、金融保险业和生活性服务业未纳入改革范围。

（1）服务业税率的可能性。服务业的营业税税率为 5%。现行增值税税率分三档，一般纳税人为标准税率 17% 和低税率 13%，小规模纳税人为简化税率 3%，出口货物为零税率，"营改增"试点方案新增了 11% 和 6% 两档低税率。对于"营改增"后服务业的税率如何确定，按有关专家的设想，在税率设定上，服务业的税率基本应该是 6% 或 11%。

（2）哪些进项可抵扣成为难点。增值税是价外税，也就是由消费者负担，有增值才征税，没增值不征税。在实际工作中，商品新增价值或附加值在生产和流通过程中是很难准确计算的。因此，中国也采用国际上普遍采用的税款抵扣的办法，即根据销售商品或劳务的销售额，按规定的税率计算出销项税额，然后扣除取得该商品或劳务时所支付的增值税款，也就是进项税额，其差额就是增值部分应缴的税额，这种计算方法体现了按增值因素计税的原则。这也是增值税区别于其他税种的特点之一。服务业"营改增"中的进项抵扣问题，是服务业"营改增"的难点问题。

（3）行业税负增减均可能。实施"营改增"的初衷是为企业减轻税负，但服务业的"营改增"是否能为企业降低税负尚不明确。就 YT 公司及平台来讲，"营改增"前的会员单位分给居间商的手续费无法实行差额征税，造成了很高的税负。在实施"营改增"之后，实际税负会增加还是减少是不确定的。影响税负增减的一个重要因素是会员单位支付给居间商的手续费能否计算进项税额纳入税款抵扣链条，税率的确定是另一个重要因素。如果改为增值税，并且会员单位和居间商都是一般纳税人，税率为 6%，支付的手续费也可以进入抵扣链条，则会员单位的税负会进一步减轻。对居间商而言，其面对的是投资者，没有相应的抵扣项目，无形中会给居间商带来沉重的负担。如果居间商是小规模纳税人，那么会员单位的税负会进一步加重。这就是会员单位和居间商在"营改增"后所要面临的问题。

4 YT 公司交易平台业务模式整合

基于企业、中介机构提出的问题及困境，参与此案评估的税务人员指出，企业要想更好地发展，需要进一步规范内部管理。税务管理本身不应成为企业的负担，而是帮助企业更好地厘清内部管理秩序，规避风险。

在税务部门此次纳税评估的基础上，YT 公司重新整合发展模式，并积极听取会计师事务所给出的建议，对新模式下涉及的税收风险进行了逐步调整、规避。一年后，YT 平台新的交易模式正式运行，公司在上海会展中心组织了大型新闻发布会。

4.1 新交易模式的运行

2014 年 11 月，YT 平台启用新的交易模式，新的交易模式与原有模式最大的不同在于引入第三方监管平台，全程监管平台的各项交易。

新交易模式采用"分离制"方式，通过接入由省金融办发起成立的国内首家省级交易场所登记结算公司（以下简称省结算），实现交易体系的登记、交易和结算三分离。

新交易模式上线后，所有的登记开户、交易监控、资金结算都在政府部门的充分监管下，通过省结算完成。与之前交易模式不同的是，在新交易模式下，政府监管层不仅能够直接监控到交易市场的交易数据、资金动向，而且能够全面掌握投资者的情况，进而从根本上杜绝违规行为的发生，有效保障投资者的利益。新交易模式的核心是"透明"。交易所将只专注于提供交易平台服务，会员单位将专注于做好投资者教育和服务工作，资金由银行托管，而所有的登记开户、交易监控、资金结算都将通过政府成立的登记结算公司完成。

4.2 新交易平台及会员单位的收入构成

在新交易平台下，YT 公司、会员单位、居间商仍然以手续费作为主要收入，交易平台在客户进行"某特定商品"交易时（买或卖）仍然按 0.1% 的标准收取手续费。其中，30% 归 YT 公司，70% 归会员单位和居间商，与原有平台不同的是，会员单位与居间商的手续费分成不再由会员单位在平台上获取后再分给居间商，而是由居间商直接参与平台的手续费一次分成。如果会员单位与居间商 1∶1 分成，则直接在平台上设定好比例，客户每次交易额 0.1% 的手续费由交易平台自动按 30%、35%、35% 的比例直接计算分割，分割后的手续费收入直接汇入 YT 公司、各会员单位、各居间商账户。YT 公司、各会员单位、各居间商每月按交易平台自动计算分割的收入申报缴税。这种直接分配的方式，实际上避免了会员单位将手续费分割至居间商后营业税的重复缴纳问题。

会员单位与居间商的手续费分成不是固定的，由每家会员单位与每家居间商协议决定，并且居间商散落在全国各地，与会员单位的分成比例各家也不一样，有的还不时变动，对平台的运行与维护提出了较高的要求。

4.3　高新技术企业认定

在新的交易模式下，YT 公司加大了对平台运维的硬件与技术投入，并依托这种投入，集聚了相当一部分科研技术人员。相对于旧平台，新平台在交易的流畅性、稳定性、实时调整性方面都有明显提升。据此，YT 公司从 2015 年初开始，着力进行高新技术企业认定的申请工作。

YT 公司已经按要求向省科委报送了有关认定材料，高新技术企业的认定正在进行中。如果 YT 公司成功认定为高新技术企业，按照企业所得税的有关规定，可以按 15% 的税率来计算缴纳企业所得税。仅此一项，每年可为 YT 公司节省企业所得税支出 600 万~800 万元。

5　税务机关的职能转变

2013 年 5 月，国家税务总局发布了《国家税务总

局关于做好税务系统职能转变工作的通知》（税总发
〔2013〕56 号），提出要"推进税务系统职能转变，要
以深化税务行政审批制度为突破口，继续简政放权，
着力推动管理理念、管理职能、管理方式和管理作风
的转变，加快建设职能科学、结构优化、廉洁高效、
人民满意的服务型税务机关"。

当地税务机关已经暂停了对 YT 公司及其平台的
纳税评估，进一步组织人员对该企业及相关业态进行
调研分析，并形成专题调研报告报上级税务机关。

6 会计师事务所的业务重整建议

针对当时 YT 公司及其平台的发展态势，该公司
提出五年内上市的目标，并聘请了会计师事务所 DQ
为公司做上市的策划和业务重整规范。

会计师事务所 DQ 组建了专门为 YT 公司上市提供
服务的 A 团队。A 团队经过一段时间的调研后，团队
的业务主管魏经理认为，YT 公司的原有模式存在若干
税收问题，其构成了公司不确定的税务风险。在 2014
年底，平台的运行模式调整后，虽然一些方面有所改
观，但仍存在较高的税收风险。从整个平台来看，税
务风险主要来自会员单位及其居间商的松散化管理和
不规范运作。为进一步降低企业和平台的税务风险，
实现企业的快速发展和平稳上市，魏经理提出如下建议：

利用重组进一步加强对会员单位和居间商的业务控制。税务问题很大一部分来自会员单位和居间商，建议通过将三层架构的资产重组的形式，在保证投资者利益的前提下，实现对会员单位和居间商的业务控制。

魏经理当时给 YT 公司的总裁提出了一个重组建议：所有会员单位和居间商的股东以会员单位和居间商的股份作为资产，投资入股 YT 公司。其实质就是会员单位和居间商的股东通过放弃原有股份换取了 YT 公司的股份。经过这种重组，会员单位和居间商全部变成 YT 公司的子公司，而 YT 公司的支付对价只是让渡了一部分本公司的股权。这种重组有两个优点：一是 YT 公司实现了对会员单位和居间商的完全控制，企业在根据相关税收问题进行适应性调整时不会再过多地考虑会员单位和居间商的承受能力，而是更多地站在整个平台的角度去考虑税收安排。二是由于 YT 公司拟上市，此时的股份具有很大的升值空间，这种重组是会员单位和居间商的现股东乐于接受的。

这种重组并不是完全没有问题。由于这种重组，YT 公司、会员单位和居间商之间均有了直接的股权控制关系，构成了《中华人民共和国企业所得税法》中所称的关联方。在税务机关对关联方的反避税管理越来越紧的情况下，关联方之间交易的合理性面临税务机关核查和调整的风险，这是企业在重组后需要重点考虑的问题。

2015 年 5 月 19 日，会计师事务所的上市规划书已经摆在了 YT 公司总裁袁总的办公桌上。面对这份规划，回想企业已经走过的历程，如何在当前的困境中突围，袁总陷入了沉思……

7　结　语

YT 公司由税收引发的管理困境留给我们很多思考。企业在发展过程中可能会面临各种各样的税收问题，而各种税收问题的协调往往不是企业的税务部门、财务部门单独能够面对的，它牵涉企业内部管理、外部战略决策的方方面面。

马克思说过，"税收是喂养政府的奶娘"。美国著名法学家霍姆斯也说过，"税收是文明的对价"。在网络信息时代，税收到底是什么，是束缚企业成长的桎梏，还是滋养企业发展的土壤？对于现代企业来说，如何合法合规地履行好纳税义务，并在现行的税收条件下，合理地做好纳税筹划和内部控制，实现企业的长远发展，是必须始终关注的问题；对于税务机关来说，随着新兴业态、新商业模式急剧增长，税务局作为国家税收征管机关，除依法征收税款之外，通过税收征管服务，创造良好的税企关系，促进企业健康、可持续地发展，是税务机关的另一项重要职责。这两方面的问题，值得我们不断地学习和研究。

The Development of Strategic Transformation and Innovation of YT Company Based on the Tax Risk

Abstract: YT Company is an ecommerce service platform providing customized contracts for one specific bulk stock, which includes more than 50 members, and several agents/mediators. Platforms, members, and agents/mediators constitute the entire operation of the 3-tier architecture. YT Company developped well in recent years. Due to the business operation model is a derivation of financial innovation, during the business progress, the tax treatment is not quite standards. There are still plenty gray areas in the implementation of the tax policy. Thus, it leads to certain amount of the management dilemmas. This case has discussed YT Company and entire architecture from variety angles: tax treatments, tax policies, management dilemmas, and the importance of the tax planning for the development of the emerging industries, strengthen internal controls, and sustainable development of the business.

Key Words: Tax Risk; Tax Planning; Strategic Transformation

"谁解助茶香"：食品安全问题下周城金泉茶的有机之路*

  摘　要：近年来，由于农药残留等原因，茶叶及其他食品的安全问题引起了大众的普遍关注。2014年以来，受经济"新常态"下全球经济大环境、公款消费限制和农药残留隐忧的影响，我国茶叶销售供大于求。在茶行业萧条的大环境下，周城金泉茶却逆市旺销。金泉公司致力于生产高品质的有机茶，遵循自然规律，探索以天敌治虫，施有机肥，人工防冻，人工除草，克服重重困难，杜绝环境污染，确保茶叶品质健康安全。本案例尝试从商业伦理和企业社会责任方面剖析周城金泉茶的有机之路，分析总经理王春红深受中国传统儒道佛伦理文化影响的企业家精神，提倡弘扬优秀的传统商业伦理，发展有机农业。该案例对解决当前我国食品安全问题具有典型的借鉴意义。

  关键词：有机茶；商业伦理；企业社会责任；企业家精神

引　言

　　2014 年 4 月以来，往年繁忙的茶叶批发市场却不见了车水马龙、人声鼎沸的热闹景象，茶企业纷纷关门、转型。我国茶产业面临严重的产能过剩问题，供求矛盾日益突出。在不少茶叶产区，只采春季名优茶，不采夏秋茶。有的茶农砍茶树改种其他作物，茶园难以为继。井冈山的一个种茶主说，自 2014 年以来生意很不好，茶工工资已拖欠一年多了，她正在卖房向银行贷款维持生产。许多茶业人开始警醒：中国茶业寒冬已经到来？

　　金融危机之后，受经济"新常态"下全球经济萧条大环境和政府限制公款消费的影响，茶叶销量急剧下降，加上农药残留事件导致的茶叶安全隐忧，我国茶叶销售更是雪上加霜。2015 年 5 月，北京市消费者协会检测北京市场销售量较大的茶叶时发现，多种茶叶存在以次充好和农药残留问题，茶叶级别没有严格的标准和把控，国家在各类茶叶标准制定上有一定欠缺。近几年来，日益提高的国外标准也阻碍国茶出口，欧美、日本等不断提高茶叶检测标准，如欧盟把农药硫丹残留的检测标准一下子提高了 3000 倍。农药残留成为影响我国茶叶质量安全和茶行业健康发展的瓶颈。

　　在茶行业萧条的大环境下，周城金泉茶却逆市旺销，越来越好卖。"金泉 1 号"白茶卖到 16000 元 1 斤，是普通白茶的 10 倍，而且卖到脱销，订货订到下一年，缺货 2000 多斤。

1 种有机茶缘起：茶香高山云雾质

金泉生态科技园坐落于江苏溧阳国家 5A 级旅游度假区——天目湖自然保护区。当地古称"周城"，是千年古镇，"六分山、三分田、一分水"，传统产业是茶、桑、林。园区位于灵龟山上，面积 1800 余亩，茶园面积 860 亩，园区里丘峦起伏，溪流纵横，土壤肥沃，含硒多玉，是茶叶生产的理想之地。

王春红，男，水产专业大专毕业，后来又进修过，在当地县水产推广站工作三年后辞职创业。1993 年，王春红准备养牛，买了十几头黄牛，并买来稻草喂牛，结果有四头牛中毒死了，原来稻草上打的农药把牛胃里的有益菌杀死了，牛消化不了稻草。村里有一个癌症患者，由于担心食品安全问题，就自己挖井打水，自己种菜养鸡。这些事件使王春红认识到食品安全问题的严重危害，他决定绝不生产有害的食品。

2007 年 11 月，王春红承包了金泉生态园这块地。他利用自己的养鱼技术开始养鱼，自己挑土挖塘，挑了 40 多天。由于山地面积更大，王春红准备在山上种茶。当时由于茶叶打农药，许多人不喝茶了，茶叶送给别人都没人敢喝，当地的茶叶卖不掉。王春红说："有的种茶人把打了农药的茶叶卖给别人，自己却吃不打农药的，骗人一次，哪能骗人一世，最后茶叶卖不掉。"王春红决定生产品质安全的茶叶。

当时绿茶价格很便宜，而白茶价格较高，每斤1000多元，县里也在推广种白茶。白茶属微发酵茶，素为茶中珍品，历史悠久，白茶的名字最早出现在唐朝陆羽的《茶经》中。史载东汉时期，青年尹珍怀揣家乡自制的白茶，拜谒著名儒学大师许慎，遭门丁刁难，便在其檐下席地嚼白茶，散发出浓郁的茶香。许慎寻香而出，邀尹珍入书房泡其茶，但见该茶满披白毫如银针，汤色黄绿清澈，滋味清淡回甘。白茶性清凉，具有退热降火、解酒醒酒、清热润肺、平肝益血、消炎解毒、降压减脂、消除疲劳等功效。

因为白茶珍贵，王春红就准备种白茶。但王春红承包的荒山上布满碎石，人们认为这块地种不出茶叶来，所以在王春红承包前已经流标几年了。家里人都不同意他种白茶，人人骂他神经病，但他一旦认定就一定走到底。2008年，王春红引种安吉白茶。王春红常说："一杯茶进肚就有关生命安全，种茶就种最好的茶，对得起自己的良心，好的东西给出去，才会有好东西回来。"他要用有机的方法种白茶。

2 艰难有机路：俗人皆泛酒，谁解助茶香

万事开头难，王春红在当时要开始种有机茶谈何容易，至少要过五关：有机培土、有机除草、有机施肥、有机防寒、有机防虫，每一关都困难重重。

2.1 探索有机培土

茶叶易受干旱之害，尤其是高山坡地，保水保肥性差，王春红就天天蹲在山上想办法。一般人认为石头不能保水，但他发现石头底下是潮湿的，他想到可以在山坡低的一面覆土、瓮土保水，另半边露在外面，防止积水烂根。2008 年，王春红引进的白茶通过扦插繁殖成功。为防止高温干旱，王春红采用喷灌节水灌溉技术，选用旋转式喷头，喷水均匀，既促进了茶树生长，又改善了茶园小气候。

虽然茶叶是偏碱性的，但茶树生长适宜偏酸性土壤，王春红就引进蚯蚓，既能松土，又可排出酸性排泄物，有利于茶树生长。而白蚁能分泌蚁酸，还能吃秸秆，效果更好。王春红当年栽种，第二年就开采了，三年即成林，比一般情况提早 1~2 年时间。

2.2 探索有机除草

白茶没有主根，只有细根，除草剂对根系有影响，

一般茶园采用人工锄草、人工拔草，但太费人工，成本太高。怎样在不使用除草剂的情况下省钱省力地除草呢？王春红又想出养鹅吃草的办法，他养了 2000 多只鹅，为了管好鹅，他甚至睡在鹅棚里。但他发现由于鹅脚掌太宽，碎石和树枝容易刺破鹅掌而使鹅受伤。后来他改养鸡，鸡除了吃草，还可吃虫、松土、施鸡粪。为了使鸡粪有机，他不让工人给鸡打抗生素。为提高工人的积极性，他规定每个工人可养 100~200 只鸡，一共 5000 多只，鸡和蛋都算工人自己的。

2.3 探索有机施肥

王春红成功种活茶树（包括白茶和绿茶），但他还没高兴多久，2009 年出现霜冻天气，王春红种的绿茶颗粒无收。调查后发现，那块地在王春红接手之前打了化肥，虽然茶叶长得快，但脆弱，抗寒能力低。为了促进茶树枝条和根系健壮生长，增强抗寒能力，王春红改施有机肥。由于菜籽打农药少，王春红就以当地产的非转基因自榨菜籽饼肥作为主肥，以羊粪等畜禽粪有机肥为辅肥。肥料经高温堆置、储藏池发酵及无害化处理，减少了环境污染。由于茶园山上路窄，车开不上茶山，王春红就不惜成本，用人工搬运肥料。由于有机肥越来越难收，又难保证完全有机，王春红就自己做有机肥，如自养鸡收肥，避免外来肥料带来的污染。

2.4　探索有机防寒

　　2011 年采茶时出现严重霜冻，茶芽受冻后遇太阳一晒就发黑枯萎，全县茶叶受损严重。虽然王春红因施有机肥情况稍好，但天气太冷，陆续有茶叶冻死。为给茶园加温，王春红马上在茶园里烧柴生火堆增温，一晚烧了 3 万多斤柴，但第二天制出的茶出现一点烟熏味。怎么办？不烧柴只能烧电，王春红改用铁皮桶烧水加热，在茶园各处安放了几十个铁皮桶，在最冷的夜里 12 点到凌晨太阳出来之前烧水加温，那些天他天天睡在茶山上，当年终于采到了茶叶。

2.5　探索有机防虫

　　茶园打农药防虫是一般常见的做法，但农药残留率高，而不打农药又可能收不到茶叶，因为芽早被虫吃光了。茶园的主要害虫有蚜虫和茶尺蠖。蚜虫在植物的茎叶上繁殖生长，吸食植物的汁液，使茶芽叶生长停滞。茶尺蠖又名拱拱虫，幼龄虫咀食嫩叶，直接造成减产。这些害虫使茶叶的产量和质量都受到严重的影响。若不打农药，该如何防虫？

　　王春红首先想到用物理方法防虫，利用害虫的趋光性，每 30 亩安置一盏太阳能灭虫灯诱杀害虫，或用黄粘板粘虫。但害虫还是有很多，王春红一筹莫展。他思考古人在没有农药的情况下是怎样消灭害虫的，于是想到古人有"相生相克"的说法，这使他看到了希望。由于印楝树是世界上公认的理想杀虫植物，王春红就用印楝树籽治虫。而香樟树虽能防虫，但有气味，会影响茶叶香味。

王春红又想到以虫治虫，用天敌抑制害虫。蚜虫的身躯柔软，行动缓慢，是动物很好的食物来源。王春红就引进林蛙吃虫，林蛙在冬天 12~13℃时就会上茶山吃虫，但林蛙怕热，夏天 30℃以上它就躲到池塘水里，不再"干活"。王春红就在茶园边上栽种阔叶的油桐树，让林蛙爬树遮阴，油桐树防虫又可产油桐籽卖。此外，王春红引进癞蛤蟆，癞蛤蟆不管冬夏都一直"干活"，每天太阳出来就"上班"了。王春红大量引进癞蛤蟆，平均每只茶树下有一只。为防止癞蛤蟆跑到别处去，王春红在茶园周围围上网纱。

2008 年 3 月中旬，王春红在茶园拔草时，偶然发现一种生物幼虫能捕食蚜虫，王春红大喜，将它们捕捉回来，后来他问农林学校老师才知道是瓢虫。他把它们放入培养器皿里培养，再放些长满蚜虫的青草和茶叶枝条在里面，仔细观察，发现瓢虫利用口部附近的两个大腮来捕捉蚜虫。瓢虫找到蚜虫密集的地方下蛋，挨个儿把蚜虫一只又一只地吃掉，其幼虫也是吃蚜虫的能手。平均一只瓢虫一天能吃掉一百多只蚜虫，近 80 天的生命周期可吃上万只蚜虫。

在茶园投放多少瓢虫最好呢？投放瓢虫少了，灭虫效果不明显，多了又会导致瓢虫之间自相残杀。2013~2014 年，王春红不断做试验想找出投放瓢虫的准确量，天天用放大镜盯着虫卵看，有一次五天五夜不睡，一头栽进水缸里。功夫不负有心人，通过试验观察，他发现 1 亩地投 15~20 只瓢虫就够了。蚜虫泛滥时，可将瓢虫卵或瓢虫幼虫投放到茶园里。

有一次，王春红将瓢虫放出去产卵，但冷空气把瓢虫卵冻死了，王春红只好用人工孵化瓢虫卵。王春红发现，在人工条件下，瓢虫的繁殖能力很快，一只瓢虫一年可以产 2000 多只后代。一个 300 亩的中型茶园，只需要一个熟练工人饲养瓢虫就足够了，而所需要的饲养器具物资只值几百元，也不用担心瓢虫会飞到别处去，因为它闻到别家茶园的农药味就会飞回来。如果打农药则每亩需要 15 元，若一年治 3~5 次虫，预计要 2 万多元，而且食品安全系数降低，因此以虫治虫比传统打农药更省钱。而且瓢虫对人畜无毒性，利用瓢虫来防治蚜虫，既利于环境，又无农药残留。至今王春红研究瓢虫 6 年了，还发明了回收瓢虫的方法，瓢虫产量已达到每年 30 万只，明年他准备卖瓢虫了。

后来王春红探索病虫草害的综合治理方法，总结出防重于治的原则，他从茶园整体生态系统出发，以农业防治为基础，包括以轻修剪控制茶树高度、合理采摘鲜叶、行间深埋茶树落叶、实行春茶后和冬季深翻等，综合运用农业防治、物理防治和生物防治，创造不利于害虫滋生而有利于天敌繁衍的环境条件，增进了生物多样性，保持了茶园生态平衡。

3 成功认证有机茶：茶熟透瓶香

王春红攻克了防虫问题之后，茶叶品质大大提高，但酒香也怕巷子深。王春红采取的是传统的口碑相传的营销方式，知道的人太少，刚种茶的头两年，每年几千斤茶卖不掉。为了让更多的人了解金泉茶的品质，王春红积极申请国家级有机认证。

有机种植要求非常高，有三年的土地转换期。要求种植区外围必须要有林业带作隔离带，远离农田作物、生活区等，空气质量、土壤环境、产品农残等绝对符合有机的要求。因此，王春红选择了有机质丰富、透气性好、易风化的含石沙壤土栽培茶树。绿茶种在向阳的山南面，而白茶或红茶则种在山北面。茶园内间种遮阴适中、不宜感染病虫害的树种，如桐油籽树等。

为了保持茶叶品质，王春红规定清明前后光照达到 3~4 天、茶芽丰满之时方可采摘。采摘好的鲜叶用清洁、通风性良好的竹筐盛装（不得使用布袋、塑料袋盛放），然后摊放于干净的专用摊床上晾晒。制茶车间建立了多条清洁化生产线，制茶和包装车间都必须长期保持整洁、干净、卫生，门窗上配有纱布用于防虫。制茶人员必须穿工作服，戴工作帽，衣着整洁，每年必须体检一次。王春红结合西湖龙井和南京雨花茶的精湛制法，创建了一套独特的炒制工艺，茶叶品质大大提高。很快，周城金泉茶在 2009 年第 16 届、2010 年第 17 届上海"国际茶文化节中国名茶评比"中荣获金奖，2009 年王春红被授予"全国科普惠农兴村带头人"称号。

经过三年转换期，2011 年，周城金泉牌白茶、翠柏、红茶通过了国家农业部北京中绿华夏有机食品认证中心的有机食品认证。近年来，周城金泉茶在国家级和省级名茶评比中不断获奖，荣获每两年举办一届的全国"中茶杯"名优茶评比特等奖（2011 年、2013 年）和银奖（2015 年），及江苏省"陆羽杯"名优茶评比特等奖（2010 年、2012 年、2014 年、2016 年）。

2010 年以来，周城金泉茶渐渐小有名气，王春红发现市场上竟然出现了同样的茶叶包装。有一次，有人拿着一盒金泉茶来厂里说是茶叶掺有碎砂，要求赔偿 5 万元，王春红查了盒上的批号知道是假货，就问"这茶是在哪里买的？"来人说是别人送的，王春红说，"我厂有监控，每个批号都可查，卖到哪里也有记录"，请他一起看监控，并说要打 110 报警，那人一看情况不妙赶紧跑了。为杜绝此类事情发生，王春红除了考虑申请包装专利外，开始实行追溯体系，以有效地控制与追踪产品去向。王春红对基地生产的有机茶青实行批号管理，要求在销售发货凭证上注明产品批

次，以备在发生质量问题时方便追踪、查找原因和落
实责任。2015 年，溧阳金泉公司成为江苏省"农产品
质量安全追溯管理"示范单位。

4　研发有机新品种：且将新火试新茶

2010 年，王春红在霜冻最严重时巡山，发现许多
茶树的芽发黑，但有六棵茶树上的芽正常生长，王春
红想到这可能是抗冻能力强的茶树，可以选育新品种。
王春红把这六株茶树进一步扦插繁育，但开始时成活
率低，只有 30%~40%，后来与句容农校合作，成活率
达到 90%。2013 年，王春红开发出防冻抗旱的新品种
"金泉 1 号"。这个品种不怕冻，下霜时别人减产一半，
它不减产。2015 年"金泉 1 号"白茶荣获中国"国际
有机食品博览会"金奖，2016 年荣获江苏省第一届
"茶叶与休闲农业博览会"金奖，并荣获江苏省"十大
名茶"称号。

王春红还自制了一种无公害除草剂，当着大家的
面做试验，把这种除草剂倒在一堆草上，在阳光下这
堆草慢慢枯萎了，除草剂显效了。但如何证明无害呢？
王春红张口把剩下的除草剂全喝掉了，大家为他捏了
一把汗。他笑着解释说，这只是电解水，由于草怕酸，
所以他试验用无毒的偏酸电解水来除草。

在 2012 年江苏省"陆羽杯"名特茶评奖中，周城

金泉茶的品质有项内容被扣了 0.1 分，没拿到金奖。专家说采收的茶叶未及时摊开，捂过一段时间。回来之后，王春红苦恼了很多天，他想到制茶厂离茶园有 1 个多小时的山路，在茶园采到的鲜茶叶经过这一段路的耽搁，鲜度受到了影响。为了保持最新鲜的口感，王春红决定把制茶厂建在茶山上，2014 年他投资 1000 多万元建成三层楼的茶厂。从此鲜叶可以立即加工，不耽误一点时间，茶叶的新鲜度有了保障。

溧阳生态园多年来一直与多家高等院校共同研发，曾与南京师范大学、扬州大学、江苏农林职业技术学院以及上海、南京、东海等地水产研究所合作完成了多项国家或省级研发项目，并且成为这些高等院校的科研教学基地。2014 年溧阳金泉生态科技园被评为市级龙头企业，2015 年王春红成立金泉生态科技园有限公司，规模更大了，已有 60 多人，近几年每年产值翻倍。虽然公司设有自己的检测部，但王春红还是自费送样品到苏州专业机构检测，有一次的检测结果显示茶叶品质已达到欧盟标准。

5 攀登有机最高峰：茶自峰生味更圆

2015 年 5 月，在第九届中国国际有机食品博览会上，国际知名的德米特（Demeter）有机认证企业也展出了猪肉和大米等，用 200 多个电饭煲现场煮饭供大家品尝。德米特有机认证是"自然活力有机农耕"的认证，1924 年由德国鲁道夫·史坦纳博士所创设，此认证是欧美有机认证里的最高级别和代表。德米特产品必须遵循从农业生产、加工到包装的整套"自然活力有机农耕法"的严格标准。不但拒绝使用任何合成化肥和人工化学植物防护剂，而且在加工的过程中绝不使用任何人工添加剂，并采取具体的严格措施生产加工。除有机耕种以外，农夫会按需要种植特别的植物及饲养不同种类的动物，令农场变成一个拥有自然周期和生命、自给自足的生态系统。动物的饲料绝大部分来自农场，动物的粪便会用来堆肥以保持泥土的养分。在播种后，每个品种的植物会随着本身的自然生长周期生长。用这种方式培育的产品，含特有的能量、生命力，对人类尤其是婴儿及幼童特别有益。

德米特最严格的有机标准让王春红印象深刻，他想到中国 40%的茶叶市场被英国的立顿茶占据，而中国茶沦为加工茶的原料和低端品牌。王春红认为，中国有源远流长的茶历史和丰富的茶文化，与国外茶相比，中国茶文化影响力更大，且大部分为原产地，而国外更多的是加工茶。史书记载，茶的发现与利用始于原始母系社会，闻于"鲁周公"，兴于唐朝，盛于宋代。茶叶是中国几千年的传统产品，为何由外国人来提供最好的产品呢？王春红决定按德米特标准生产茶叶。

为了避免外来污染，王春红决定自给自足。对于种养业来说，水污染是一个大问题。为了避免化学工业品洗衣粉和沐浴露对水源的污染，王春红自己种皂荚树，用于洗衣洗澡。近年来国家出台新规定，鼓励用循环水养殖，不准对外排放污染水。为了改善水质，1999 年王春红就开始思考如何清洁水质。根据多年的经验，王春红总结出要循环利用水，一定要种养结合，他设计的种养生态链如图 1 所示。

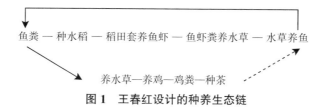

鱼粪 — 种水稻 — 稻田套养鱼虾 — 鱼虾粪养水草 — 水草养鱼

养水草—养鸡—鸡粪—种茶

图 1　王春红设计的种养生态链

在这个种养生态链中，鱼和稻田形成闭环食物链，但鱼和茶尚未形成闭环，于是王春红希望通过拉长、完善种养生态链，让茶和鱼也形成闭环生态系统。在种养生态链上，如果使用了抗生素，则抗生素会通过食物链传递，最终传递给人类。所以在种养生态链里切断抗生素和病菌传递很重要。例如，为了用有机的方法养鱼，王春红采用中草药党参、三黄（黄连、黄芩和黄精）、甘草、丹参、当归防鱼病。鱼饲料定点加工，水循环利用，废水不对外排放，鱼的人工养殖也获得了无公害认证。虽然鱼的价格比市场高一倍，但鱼依然很畅销。至今金泉生态科技园已形成种养结合的食物链循环，种茶、种稻、种草、养鸡鸭鹅，通过它们的废弃物循环利用形成一个生态而健康的生物链，用这种高效、高产、高科技的健康模式生产出安全健康的有机食品。

6 茶之有道：只缘清香成清趣，全因浓酽有浓情

茶之为饮，最宜精、行、俭、德之人，以茶载道，中国茶早已承载了几千年的传统儒、道、佛文化。王春红其人如茶，他常说，"杯中茶叶看出生和死，生在山中，死在锅中，活在杯中"。王春红崇敬孔子、伏羲和神农，他认为孔子教书育人，传授知识和道德；伏羲有智慧，了解自然界，在艰苦条件下指导人们生产；神农牺牲自己尝百草，分辨哪些能吃哪些不能吃。王春红经常在想："祖先为何把我们遗留下来？我们应该做些什么才对得起祖先？"王春红的父亲是全国劳模，在当地口碑很好，从当村支书到副镇长一直清廉。王春红也颇得家传，乐于助人，经常在路上捎带人坐顺风车，受到附近群众的好评。

王春红认为，"专业人做专业事，老老实实做事"，但现在有些人想一夜发大财，嫌农活苦又来钱少，沉不下心做事。为了提高员工的责任心，让员工把公司当成自己的，王春红给员工按业绩分成。公司基本工资不高，但分成高，制茶叶按每斤分成制作费，如果

制作出问题则扣钱。王春红常说："好好干，公司是大家的，不是一个人的。"王春红觉得现在政府政策好，想带动当地人致富，他说，"现在一亩地只养活 0.6 个人，如何养活 6 个人？要用爱心与科技合理利用土地"。他正在探索更好的模式把公司规模扩大，带领大家一起分享土地上的有机食品。王春红说，"人生不带来，死不带走，人真正需要的是什么？人真正留下的是什么？""人不是只为自己活，而是为大家活"。

王春红的办公室里有一幅上书"厚德载道"的匾，茶叶包装上也印有"茶之有道，品味人生"，王春红用这些名言激励自己不忘初心，积极利他，永不放弃。王春红还给自己立下座右铭："爱勤善美，和理生活"，即：

爱：爱心万物每一天。勤：勤劳付出舍与得。

善：善良感动天地间。美：美丽过后色与彩。

和：和谐引导成正果。理：理性安排度众生。

生：生生不息又见春。活：活在心中代代传。

7 结 语

谈到未来公司发展存在的困难，王春红认为，在大环境污染如酸雨、雾霾影响下，公司想独善其身谈何容易。如果大环境问题日益严重，则茶叶品质也会受到影响。他说，"你害土地，土地也会害你"，自然环境危机背后是人心的危机。在 2009 年清明前后的采茶关键时期，溧阳金泉生态园旁却有人故意大量刷油漆搞装修，油漆气味污染了茶叶，害得王春红烧了 120 斤采好的茶叶。食品安全问题背后是人心的问题，要解决食品安全问题，首先要解决人心的问题。

正所谓：

周城金泉名鹊起，天目湖山白茶香。

杯中茶叶看生死，世间人性有善恶。

冰霜不败出新茶，挫折不屈成大业。

茶道人生一起品，同样滋味苦与甘。

厚德载道有仁义，食品安全求有机。

待到众人齐响应，不信人心换不回。

"Who Knows the Fragrance of Tea": The Organic Road of Zhoucheng Jinquan Tea under the Food Safety Issues

Abstract：In recent years, tea and other food safety issues which due to pesticide residues and other reasons caused widespread concern of the public. Since 2014, under the China's Economic New Normal of global economic environment, limited public consumption and pesticide residue worries, China's tea sales oversupply. In the great depression of the tea industry, Zhoucheng Jinquan tea sales well under weak market. Zhoucheng Jinquan commits to produce high-quality organic tea, according to the law of nature, to control pest with the natural enemies, apply organic fertilizer, artificial anti freeze, artificial weeding, overcome difficulties, to ensure the health and safety of tea quality, to eliminate environmental pollution. The case analysis the organic road of Zhoucheng Jinquan tea from the aspects of business ethics and corporate social responsibility, and analyze general manager Wang Chunhong' Entrepreneurship which deeply influenced by Chinese traditional Confucianism, Daoism and Buddism ethics culture. The case has a typical reference to solve the current problem of food safety in China.

Key Words：Organic Tea；Business Ethics；Corporate Social Responsibility；Entrepreneurship

大亚人造板集团有限公司的绿色供应链管理探索之路*

摘　要： 在人造板行业面临产能过剩、资源浪费和环境污染的背景下，民营企业大亚人造板集团有限公司为积极提升公司的竞争力，开展了绿色供应链管理评估和改进工作。首先从企业自身的清洁生产和循环经济入手，面向生产全过程评估和识别，进行了多项工艺技术革新，并制定了相应的奖惩和培训制度，提高了公司整体的工艺技术水平、生产运营管理水平和综合绩效。同时有利于增加农民收入和促进就业，节约了大量木材资源、水资源和电力能源等，产生了明显的经济效益、社会效益和环境效益。人造板产业链上下游如何协同与合作，实现全产业链的绿色供应链运营管理，是该公司未来面对的重点和难题。

关键词： 人造板；绿色供应链管理；改进

引　言

2010 年 9 月的一天，下班时间已经过了很久，但是大亚人造板集团有限公司丹阳分公司的总经理李志高依然坐在办公桌前，凝视着一张密密麻麻的工艺流程图。周围坐着几个戴安全帽的技术骨干，也凝视着这张图，精神高涨，大家正在仔细思考图中每一个细节流程，激烈地争论着，试图找出每一个细节中不合理的能耗和物耗。小小的办公室内热火朝天，争论还在进行中，气氛非常热烈，每个人脸上都洋溢着昂扬的斗志，憧憬着更加美好的未来……

1　公司背景

大亚人造板集团有限公司（以下简称大亚公司）是高新技术上市企业大亚科技股份有限公司的控股子公司，成立于 2002 年，系我国专业生产经营中高密度纤维板、均质刨花板等环保人造板材的特大型现代化森工企业，在全国拥有八个大型环保板材生产基地，年生产规模 200 余万立方米。大亚公司营销总部位于上海，在全国拥有 1500 家密度板分销中心，年营业额近 50 亿元，在中国拥有近 3000 名来自世界各地的雇员。大亚公司健康板材在中国中高端板材领域占据了

30% 以上的市场份额，涵盖门、地板、家具、橱柜、包装、装饰建材、工艺品、音箱、电子线路垫板、鞋跟板和高强建筑装饰材料等行业，已经成为各行业知名品牌的首选原材料供应商。

大亚公司引进了全球最先进的全套设备，以松木、杨木、杂木等为原材料，依托自动化工艺管理、先进的环保制胶工艺和完善的检测体系，不断研制开发低游离甲醛① 的脲醛树脂及其胶粘剂，致力于生产业内最环保健康的产品，为产品消费者营造健康的家居环境。大亚公司健康板材拥有优异的品质，成为 E0/E1 级板材领导者，其环保板材产品甚至已通过全球最严格的超 E0 级② 环保检测，达到了世界领先水平。大亚公司先后通过了 ISO9001 质量管理体系认证、ISO14001 国际环境管理体系认证、FSC–COC 体系认证③、中国

---

① 游离甲醛，通俗地讲就是人造板材、家具、涂料和胶粘剂等室内装饰装修材料在生产过程中需要大量的以甲醛作为载体的脲醛树脂，脲醛树脂胶粘剂在高温的生产线中，大部分的甲醛生成了胶，已不再是甲醛，这类已经反应掉的甲醛对人体已经没有危害。与此同时，在生产过程中有一小部分的甲醛没有参加反应，甲醛易聚合成多聚甲醛，其受热易发生解聚作用，并在室温下缓慢释放到空气中，就变成了游离甲醛，造成了室内环境污染，对人体健康造成危害。

② E2、E1、E0、超 E0 都是指板材甲醛释放限量等级的环保标准，E2 级游离甲醛含量≤30 毫克/100 克，E1 级游离甲醛含量≤9 毫克/100 克，E0 级游离甲醛含量≤5 毫克/100 克，超 E0 级游离甲醛含量≤4 毫克/100 克。

③ FSC（Forest Stewardship Council），即森林管理委员会，是一个独立、非营利、非政府组织，成立于 1993 年，总部位于德国波恩。FSC 认证是目前在国际上得到广泛承认的森林认证体系，主要目的是通过建立一个世界范围的有组织标准和森林管理信条来实现生态化、可持续经营的良性轨道和世界森林的管理。FSC 认证体系包括对森林经营企业的森林经营认证（FMC）和对木制品加工企业的产销监管链认证（COC）两类。其中，产销监管链认证（FSC-COC）是从通过认证的森林产出的木材或纤维到最终贴有标签的产品的一条用以保证样本、数据和记录安全的连续责任链和追踪过程。

环境标志产品认证和美国 CARB 认证①，"Dare Global"
牌中高密度纤维板获得了中国名牌产品证书，"大亚人
造板"获得了中国 500 最具价值品牌证书。总之，大
亚公司目前在国内无论从产能规模，还是从技术领先
的角度看都是业内最强的企业。通过多年的技术攻关
和设备改造，大亚公司在各方面都走在了行业的最前
列，在人造板行业独树一帜。尤其是通过技术进步，
在国内各人造板连续压机生产线企业各项指标占据领
先地位，人造板单位产品的电耗指标、"三废"循环再
利用、热能循环、木材单耗等指标都达到了国内领先
水平。

当前，由于高污染、高浪费和高成本的落后产能
充斥人造板市场，行业面临枝桠材资源短缺、资源能
源浪费、产能过剩和环境污染等问题。在此背景下，
为了进一步提升公司整体的竞争力，大亚公司开展了
绿色供应链管理评估及改进等一系列活动，通过改进
生产设备和生产工艺，有效地降低了产品成本，减少
了资源能源消耗，减少了"三废"污染物的排放，提
高了资源能源的综合利用率，极大地改善了生产环境

---

① 2008 年 4 月 18 日，美国加利福尼亚州行政法案办公室批准了加利福尼亚州空气资源委员会（California Air Resources Board，CARB）颁布的降低复合木制品甲醛排放的有毒物质空气传播控制措施（Airborne Toxic Control Measure，ATCM），该法规已被纳入加利福尼亚法案第 17 册。目前，该法规是关于复合木制品甲醛释放量的最严格的标准之一，并且要求工厂严格按照法规要求的质量管理体系来监管工厂的生产过程。该法规不仅对生产板材的工厂有要求，对家具厂、进口商、贸易商、零售商也有严格的要求。其中，对板材生产厂商的具体要求如下：板材的甲醛释放量必须符合标准的要求；必须强制第三方认证（工厂应按照要求建立质量管理体系和品质控制实验室）；必须在产品上贴上合格的标签。

质量和生产现场劳动条件，提高了员工的环保意识、技术水平和业务素质，提高了员工参与绿色供应链管理的热情和积极性，为公司的生产经营活动注入了新的思维方式，提高了公司整体的工艺技术水平、生产运营管理水平和综合绩效，提升了公司在行业内的企业形象和产品竞争力。同时，人造板绿色产业链的发展有利于增加农民收入和促进就业，节约了大量木材资源、水资源和电力能源等，产生了明显的经济效益、社会效益和环境效益。

2　大亚公司的绿色供应链管理初步评估

大亚公司 2002 年 4 月 18 日在江苏丹阳奠基，2003 年 7 月 31 日首板下线，2003 年 8 月 28 日正式竣工投产。生产线总投资 5.5 亿元，全套从德国 Siempelkamp 公司引进干燥、铺装、连续压机和后处理生产线，从奥地利 Andritz 公司引进原木上料及其切片、热磨生产线，从比利时 Vyncke 公司引进热能中心，从瑞士 Steinemann 公司引进砂光机等设备，并在国内选购制胶生产线、空压机组、冷冻机组、污水处理设备等配套辅助设备，设计产能为 20 万立方米/年，是国内第一家引进全球最先进、亚洲规模最大的中高密度纤维板生产线的企业，该生产线涵盖了剥皮切片、水洗热磨、施胶干燥、分选铺装、热压成型、砂光切割等一体化生产过程，实现了高度智能化控制与管理。

大亚公司的中高密度纤维板是以枝桠材、小径材为原料，经削片、纤维分离、干燥后施加脲醛树脂或其他适用的胶粘剂，再经热压成型后制造的一种人造板材。产品具有如下优点：比天然木材价格低、单板幅面大、质量稳定、防水、防火、防压、变形小、内部结构致密、纵横向质量一致。产品主要用于家具板、橱柜板、装修板、地板基材、门板、鞋跟板、包装板、电子线路板等领域。产品类型主要为 6~12mm 的地板基材、门板和橱柜板，表面采取了砂光处理，环保等级有 E1 级、E0 级、超 E0 级，尺寸为常规尺寸，也可以定制。

大亚公司严格贯彻执行 GB/T19001-2008 质量管理体系、环境标志产品认证体系，始终坚持"安全、高效、节能、降耗、减污、增效"的生产管理理念，不断改进设计，进行节能改造，使用清洁能源与原料，采用先进工艺技术与设备等，不仅在电耗上低于业内水平，而且充分利用生产中产生的固体废弃物作为热能中心的燃料，以替代矿物质（煤）燃料，有效地降低了能耗，从源头削减了污染，提高了木材、废弃物、电能、热能和油品等资源的利用效率，减少了生产、服务和产品使用等环节中"三废"的产生和排放，大大改善了生产现场操作人员的工作环境，在很大程度上减轻了对环境的污染和对员工健康的危害。通过对大亚公司工艺流程、产品质量、物料平衡、环境影响、电能消耗和热能消耗等现状的调研分析，并采集整理 2009 年度各类实际运行数据，参照绿色供应链管理的标准，客观、科学、合理地评估了公司绿色供应链管理现状和不足，在此基础上进行了绿色供应链管理改进，提升了绿色供应链管理水平。

以 2009 年为例，大亚公司在生产中高密度纤维板的过程中，单位产量综合能耗为 149.08 千克标准煤/立方米，绝干木材量[①] 为 814.43 千克/立方米，产品质量合格率达到了 99.56%，优等品率达到了 98.5%以上，其游离甲醛含量从 0.2%逐步下降至 0.1%，其对应产品的甲醛释放量从 30 毫克/100 克逐步下降至 3.5~4.0 毫克/100 克，达到目前国际顶级的环保标准要求。废水和工艺废渣的综合利用率均达到了 100%，作业环境空气中甲醛浓度、木粉尘浓度、噪声均达到相关标准，生产工艺和过程符合环境法律法规标准。备料、干燥、热磨、热压等主要工序的操作管理和岗位培训，生产设备的使用、维护、检修管理制度，生产工艺用水、电、气的管理，突发事件和非常态的应急管理，相关方环境管理等方面的实施水平，也都达到了清洁生产一级标准。

---

① 绝干木材量是指绝对干燥状态下（即含水率为零的状态）每立方米木材的重量。木材含水率是指木材中的水分质量占木材质量的百分数，可分为相对含水率和绝对含水率。相对含水率是木材所含水分的质量占木材和所含水分总质量的百分数；木材绝对含水率是木材所含水分质量占绝干木材质量的百分数。

　　大亚公司在生产中高密度纤维板的过程中，树皮、砂光粉、锯屑、边角料、过小木片等工艺废渣绝大部分回收用于热能中心的燃料，多余部分的树皮、砂光粉出售给相关企业，用作燃料和造纸原料。固体废弃物在热能中心燃烧过程中产生的高温烟气，经多管旋风除尘后进入生产线用于烘干设备，实现了烟气热能的循环利用，大大降低了煤炭等燃料的消耗。全套引进国外先进设备和除尘系统，采取封闭循环工艺，回收的木粉尘输送至热能中心用作燃料，在设备上方设置排气罩和风机强制通风排气，实现废气达标排放。生产用水主要用于热能中心产生水蒸气进行木片预蒸煮和蒸煮等，冷凝水循环至热能中心；生产用水还用于制胶车间、空压站和冷冻机组循环冷却，所有废水均收集至污水处理站经处理后循环回用于木片清洗，大部分水以水蒸气形式经纤维干燥系统和凉水塔排放至空气中。为尽量减少噪声污染，公司选用进口低噪声设备，将噪声源置于隔声室内，并尽量设置在厂区中央地带或远离边界和居民区等受声点；采用建筑隔声与内部吸声结合的方式，减少门窗的敞开式设计，多用隔声门、双层窗，边界设置隔声墙；对单体高噪声设备，如削片机、砂光机等设置隔音罩；对鼓风机、引风机、空压机设置隔音室和减震基础，并安装消声设备，减少噪声外传；露天布置的风机采用隔音罩，在声源上无法根除的设备如削片机、空压机等则单独设于厂房内；种植茂密的隔声树木和绿化墙。包装材料基本做到了循环使用，废板回收用于加工包装材料中的保护板和垫方，塑钢带、保护板、垫方、枕木、包装袋、垫膜等作为成品包装使用后，若保存完好，继续循环使用，若破损严重，则部分可用作燃料，部分销售给相关回收企业。图 1 为大亚公司人造板生产中的"三废"循环处理和利用示意图。

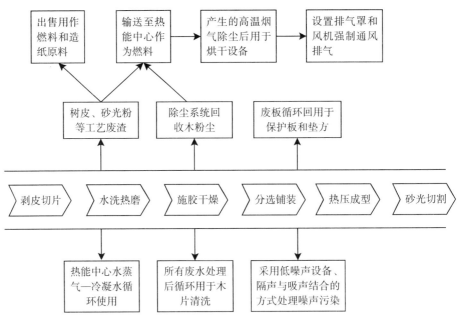

图 1　大亚公司人造板生产中的"三废"循环处理和利用示意图

此外，大亚公司还制定了《有毒化学物品管理规定》，对生产和化验过程中产生的危险废物如碘化汞、甲苯、硫酸等严格按照规定程序处理。针对安全生产和应急管理，大亚公司还制定了《安全管理制度》《员工工作环境管理办法》《应急预案管理办法》和《设备运行环境管理办法》，用于指导员工在遇到非正常生产状况、发生事故时，采取妥善应急措施。在日常工作中，公司加强应急预案和应急措施的演练，生产线每个月组织两次以上消防实战演练，每个季度举行一次停电状况的实战演练等。

大亚公司严格贯彻执行 GB/T19001-2008 质量管理体系、环境标志产品认证体系，按照 GB/T24001 标准，建立并运行环境管理体系，编制了环境管理手册、程序文件及作业指导书，加强生产过程、原材料供应商、生产协作方和相关服务方环境影响因素识别及其管控，并按照人造板行业（中密度纤维板）清洁生产标准进行定期评估和改进。

3　大亚公司的绿色供应链管理改进

尽管大亚公司的各项消耗指标逐步降低，污染物的产生量也在不断减少，但与国际先进水平相比还有一定的差距。为此，大亚公司面向产品生产工艺全过程，不断推进绿色供应链管理工作，提高资源能源利用效率，减少污染物的产生和排放，保护和改善生态环境，促进经济、社会与环境的可持续发展。由于绿色供应链管理思想是一项在供应链系统内综合考虑环境影响和资源效率的创造性思想，与以末端治理为主的环境保护策略有着根本的区别，又涉及多部门和生产全过程，因此，大亚公司专门组建了绿色供应链管理领导小组和工作小组，由总经理任领导小组组长，副总经理任工作小组组长，由具备成熟的工艺技术知识和生产管理经验、熟悉"三废"产生机理及资源消耗情况的资深人员担任工作小组成员。表 1 和表 2 分别为绿色供应链管理领导小组和工作小组组成结构及职责。工作小组通过调研分析，对绿色供应链管理改进中的障碍进行了梳理，并提出了相应的对策。表 3 为绿色供应链管理改进的障碍及对策分析。

表 1　绿色供应链管理领导小组组成结构及职责

行政职务	领导小组角色	职责
总经理	组长	全面负责绿色供应链管理工作
副总经理/高工	副组长	具体负责绿色供应链管理工作的组织和实施
财务总监	成员	参与审核、评估、组织与协调
总经理助理	成员	负责统计计量及产品质量的审核和监督
企管部部长	成员	负责绿色供应链管理工作的协调、推进和监督检查

表 2　绿色供应链管理工作小组组成结构及职责

行政职务或部门	工作小组角色	职责
副总经理/高工	组长	具体负责绿色供应链管理工作的组织和实施
企管部部长	副组长	负责绿色供应链管理工作的协调、推进和监督检查
生产运行部副部长	成员	组织协调工艺改进方案的制定与实施
生产运行部设备部长	成员	组织协调机械设备改进方案的制定与实施
生产运行部电气部长	成员	组织协调电气设备改进方案的制定与实施
制胶车间主任	成员	组织协调制胶工艺改进方案的制定与实施
主办会计	成员	负责绿色供应链管理各项费用的审核与评估
QC 主管	成员	工艺调整时配合组织做好各项检查工作
基建管理员	成员	组织协调基础设施改进方案的制定与实施
考核专员	成员	负责绿色供应链管理工作的考核监督

表3 绿色供应链管理改进的障碍及对策分析

类型	障碍表现	对策措施
思想观念	绿色供应链管理改进无非是对过去环保管理方法的老调重弹；没有资金，不更新设备，一切都是空谈；绿色供应链管理改进工作比较复杂，会影响正常生产	让所有员工深入领会绿色供应链管理改进与过去的污染防护政策、八项管理制度、污染物流失总量管理、三分治理七分管理之间的关系；用国内外成功案例阐明无/低费用方案巨大而现实的经济与环境效益，阐明无/低费用方案与设备更新的关系；强调企业绿色供应链管理改进的核心思想是"系统识别、全员参与、全过程控制、全生命周期推进"，阐明绿色供应链管理与它可能带来的各种效益之间的关系
工艺技术	缺乏绿色供应链管理改进技能，不了解绿色供应链管理工艺	聘请外部的绿色供应链管理专家进行指导和提供咨询服务、参加相关的培训班、学习有关资料等
资金物质	缺乏物料平衡技术和方法，缺乏中/高费用方案的绿色供应链管理工艺改进资金	强化企业内部挖潜，通过先行实施无费用或低费用的绿色供应链管理改进方案，从无/低费用方案的效益中积累资金，在获得一定的资源能源节约效益后，再实施中/高费用的改进方案；并与当地环保、工业、经贸部门协调部分资金问题；在绿色供应链管理专家的指导下开展物料平衡
政策法规	缺乏绿色供应链管理的具体政策法规，实施绿色供应链管理与现行环境管理制度中的规定矛盾	用绿色供应链管理优于末端治理的成功经验，促进国家和地方尽快制定相关的政策和法规

如何通过宣传教育转变企业员工，特别是管理干部的传统观念是一项至关重要的工作。为此，大亚公司专门举办了绿色供应链管理培训班，并充分利用阶段性专题会、质量控制会、安全生产会、班组长生产分析会，认真学习绿色供应链管理的相关文件和标准，多次召开班组长会议，明确分工，落实责任，对公司所产生的"跑、冒、滴、漏"生产消耗情况、工艺设备运行现状进一步调查分析，为绿色供应链管理改进工作打下了良好的基础。领导小组和工作小组通过自身的学习，认识到绿色供应链管理有助于推进公司环保工作实现两个转变（即污染物控制由单纯的浓度控

制向浓度控制与总量控制相结合的转变、工业污染由单纯的末端治理向末端治理和生产全过程控制相结合的转变），还能有效地提高企业整体的资源效率和管理水平。在此基础上开展宣传动员工作，利用黑板报、宣传栏、厂报等媒介大力宣传绿色供应链管理，形成改进绿色供应链管理的氛围。在绿色供应链管理改进的不同阶段，对工作组、中层干部、班组长进行绿色供应链管理改进方法的培训，并选派人员到绿色供应链管理示范企业进行参观、学习。在公司鼓励全体职工特别是一线工人积极提出绿色供应链管理改进建议和方案，经公司评审委员会认定为合理化建议的，给予 100~300 元的奖励。被采纳的合理化建议经实施后，取得了显著的经济效益或解决了企业重大问题的，按照年节约或创造直接经济效益的 1% 给予奖励。对无法用经济效益计算的合理化建议，如企业管理、安全生产、环境治理和职工教育等方面，实施后按其解决问题的大小给予奖励，解决重大问题的，奖励 1000~3000 元；解决重要问题的，奖励 500~1000 元；解决较大问题的，奖励 100~500 元。通过广泛宣传、培训及合理化建议的激励，公司针对绿色供应链管理提出了十多项改进措施，并对改进措施进行了筛选和技术论证，确定了八项绿色供应链管理改进方案，主要分为无/低费用和中/高费用两大类方案。表 4 和表 5 分别为无/低费用和中/高费用绿色供应链管理改进方案。

表 4 无/低费用绿色供应链管理改进方案

序号	方案名称	方案简介	效果
1	热能中心除尘器出灰螺旋节电改造项目	对热能中心除尘器出灰螺旋进行节电改造，拆除电动螺旋出灰系统，改为自制的重力风门	有助于降低噪声、降低电耗，减少维护费用。通过节电改造，电耗减少7.8万度，维护费用减少6万元
2	生产线不停机换板技术	改造生产程序，调整生产操作，实现连续化生产和减少消耗	工艺废渣减少2550吨，产能效率提高1.2%，有助于提高资源利用率，减少消耗，降低成本
3	磨机上采用新型磨片技术	更换磨机中的现有磨片，使用新型磨片，提高纤维质量	有助于降低电耗和木材单耗，减少电耗300万度
4	造板连续生产线产能提升技术	将年产20万立方米的生产线扩能至34万立方米	产能效率提高8.9%，电能和物料消耗也控制在最佳水平，有助于降低单位产品成本，提高产品竞争力
5	废纤维风机节能项目	对废纤维风机进行节能改造，将长期运行的废纤维风机改造为只有在生产故障时启动运行，平时处于停止状态	有助于降低电耗，减少电耗47万度

表 5 中/高费用绿色供应链管理改进方案

序号	方案名称	面向问题	方案简介	效果
1	ESB上料系统改造项目	原ESB上料系统功耗大，维修费用高，故障率高，且上料不均	改用平板输送机，则具有上料均匀、功耗低、维修费用低和故障率低的优势，有助于降低电耗，减少维护费用和降低噪声	经过经济测算，原ESB上料系统年度运行费用合计42.1万元，若改用平板输送上料系统，电耗减少40.46万度，运行费用仅为8.39万元/年，而一次性改造费用仅为10.8万元，一年就可以回收改造费用
2	厂区供水系统减压运行改造项目	厂区原供水系统为生产、消防两管合一供水，为兼顾消防用水，系统的供水压力调整为12公斤等级，运行几年中多次发生供水管道爆裂、管道阀门损坏等情况，对生产的稳定运行也构成影响，并多次造成停机。同时，由于供水压力提升，供水系统采用大功率消防泵供水，电力消耗增加明显，多年运行数据显示，供水泵站每年消耗电量67.02万度，直接电费41.54万元	对厂区供水系统进行减压运行改造，采用低压泵供水，对厂区消防系统进行适当改造，在厂区最高设备处安装恒压消防装置，保证消防需要	设备整体投资和改造费用为20万元左右，每年运行电量消耗为13.78万度，与改造前相比减少53.24万度，每年可节约电费33.01万元，单位成本可下降1元左右。即使需要2台低压泵供水，电耗也可省39.46万度，节约费用24.47万元

续表

序号	方案名称	面向问题	方案简介	效果
3	过小木片输送系统改造项目	原生产过程中从振动筛筛下的过小木片经风机通过管道输送至过小木片料仓，然后通过料仓内的星阀、螺旋等设备逐步输送至废料棚，最后由 ESB 再输送至热能中心。经过长时间运行，输送过小木片的管道严重磨损，尤其在弯头处经常出现渗漏现象。由于生产任务紧、维修困难，只能通过包扎等方式进行暂时性处理，给生产现场管理及维修的安全保障都带来较大困难，同时过小木片料仓在经过长时间运行后，四壁磨损严重，影响了设备的安全运行，ESB 设备故障率高，也消耗了一定的维修成本	针对过小木片输送系统存在的问题，将现有风送系统改造成皮带输送，而 ESB 采用鳞板输送，从振动筛筛下的过小木片通过溜槽由三条皮带直接输送至废料棚，最后由鳞板通过皮带输送至热能中心，具有上料均匀、功耗低、维修费用低、故障率低的优势，改造总费用仅为 54.8 万元	改造前，设备年度综合运行成本需 110 万元，维修成本需 10 万元；改造后，电耗减少 135.4 万度，工艺废渣减少 10950 吨，设备年度综合运行成本仅需 22 万元，维修成本仅为 2.5 万元，改造后当年产生效益 95.5 万元。若考虑改造后过小木片的回收，设备改造后每天可收集 20~30 吨过小木片，销售给相关企业可获得 8000~12000 元的收益，每年可产生 200 万~350 万元的效益

总之，无/低费用改进方案投资小、见效快、投资回报率高，通过实施技术改造和转变生产运作方式，公司共投入资金 85.6 万元，共降低生产成本 752.47 万元，减少电耗 570.12 万度，折合 700.68 吨标准煤，减少有效纤维排放量 2550 吨，折合板材 3000 立方米，折合木材 5640 吨。以产量 34 万立方米、产品合格率 99.50%计算，单位产量综合能耗仅为 145.37 千克标准煤/立方米，低于绿色供应链管理改进前的 149.08 千克标准煤/立方米，远高于清洁生产一级标准的水平。

4　大亚公司的持续绿色供应链管理

大亚公司的绿色供应链管理工作取得了较为理想

的效果，绿色供应链管理概念的介入从更为理性、有序的角度促进了大亚公司的清洁生产与循环经济工作，尤其是通过改进生产设备和生产工艺，有效地降低了产品成本，减少了"三废"污染物的排放，节约了大量的木材资源、水资源和电力能源等，产生了明显的经济效益、社会效益和环境效益。

绿色供应链管理是一个持续不断的长期过程，并非一朝一夕就可以完成的。目前，绿色供应链管理中还存在一些不足之处，如在绿色供应链管理全过程管控体系建立、清洁生产保持和固化、管理制度的执行力度等方面还需进一步努力。随着阶段性绿色供应链管理工作的逐步深化，大亚公司还必须根据企业实际情况，制订长远的持续绿色供应链管理计划，使绿色供应链管理有组织、有计划地持续进行下去。在现有的项目和今后的新、改、扩建项目中，持续开展和实施绿色供应链管理，有助于持续提高公司技术水平、管理水平和综合绩效，提高资源能源的综合利用率，实现经济效益和环境效益同步增长。

4.1　进一步建立和完善绿色供应链管理组织

绿色供应链管理是一个连续持久的过程，因而需要固定的机构、稳定的工作人员来组织和协调各方面的工作，以巩固取得的成果，并使绿色供应链管理工作持续下去，做到不断改进、不断创新、不断提高。

在绿色供应链管理改进取得明显效益的基础上，为了进一步开展持续绿色供应链管理活动，公司决定成立永久性的绿色供应链管理办公室，该办公室的任务主要包括：组织协调并监督实施绿色供应链管理改进方案；经常性地组织对职工的绿色供应链管理教育和培训，使全体员工时刻牢记绿色供应链管理的重要性；选择下一轮绿色供应链管理改进重点，并启动新的绿色供应链管理改进工作；负责绿色供应链管理活动的日常管理。阶段性工作结束后，绿色供应链管理领导小组和工作小组继续保留。表 6 为持续绿色供应链管理永久性办公室及职责。

表 6　持续绿色供应链管理永久性办公室及职责

行政职务或部门	办公室角色	职责
总经理	组长	全面负责绿色供应链管理工作
副总经理/高工	副组长	具体负责绿色供应链管理工作的组织和实施
财务部	成员	负责绿色供应链管理项目经济评估
生产运行部	成员	负责技术改进规划、方案确定落实、生产运作协调和设备改造维护
质保部	成员	负责统计计量及产品质量的审核和监督
企管部	成员	负责绿色供应链管理工作的协调、推进和监督检查
安保部	成员	负责重点岗位和工艺流程的安全与应急处置及厂区安保工作

4.2　建立和完善绿色供应链管理制度

通过开展本轮绿色供应链管理改进活动，全公司上下对绿色供应链管理这一体现了污染预防的环境策略有了深刻的认识，也充分认识到在生产全过程中使废物减量化、资源化和无害化，不仅可以大幅度减少污染，还可以提高经济效益。为了持续不断地开展绿色供应链管理活动，巩固绿色供应链管理的成果，有必要进一步完善绿色供应链管理制度，主要包括以下几个方面：①将绿色供应链管理改进成果纳入日常管理。在已实施和尚未实施的无/低费用和中/高费用绿色供应链管理方案中，员工提出了许多加强过程控制、规范工艺操作及其他管理方面的改造措施和做法。为了将取得的成果进行固化，在已实施的无/低费用和中/高费用绿色供应链管理方案中，对经过一段时间巩固期后证明确实有环境效果和经济效果的改进措施和做法，公司将适时制度化，纳入公司日常管理体系中。②建立和完善绿色供应链管理激励机制。早在实施绿色供应链管理改进之前，公司就已经建立起较完备的激励机制，鼓励广大员工积极参与包括质量管理、节能降耗在内的各项公司管理活动，对员工提出的合理化建议定期评审奖励。每采纳一条合理化建议即给予相应等级的经济奖励并于当月兑现，激励了员工参与绿色供应链管理的热情。此外，公司还对绿色供应链管理改进工作中表现突出、取得良好环境效果和经济效益的方案给予特别奖励。③引进新项目或进行项目改造时，注重绿色供应链管理工作。④保证绿色供应链管理的资金来源稳定，以持续地推进绿色供应链管理的开展。

4.3　构建持续绿色供应链管理 PDCA 循环改进模式

为了开展持续绿色供应链管理活动，大亚公司持续绿色供应链管理办公室组织构建了持续绿色供应链管理 PDCA 循环改进模式，如图 2 所示。其主要内容和流程包括：①成立持续绿色供应链管理永久性机构。②确定目标：确定下一轮绿色供应链管理评估计划及改进目标。③确定方案：继续征集无/低费用和中/高费用绿色供应链管理改进方案；筛选、分析和总结绿色供应链管理改进方案；进行方案的可行性、经济性、安全性和稳定性论证，并确定改进方案。④宣传培训：围绕新的绿色供应链管理改进方案进行再宣传和再培训。⑤组织实施：组织实施新的绿色供应链管理改进方案。⑥评估效果：评估绿色供应链管理改进的实施效果。⑦改进对策：提出绿色供应链管理改进方案中存在的问题及相应对策。⑧固化标准：形成绿色供应链管理改进标准和制度。⑨总结经验：总结绿色供应链管理取得的成绩和成功经验，然后进入新一轮循环。其中，确定目标和确定方案属于计划阶段（Plan），宣传培训和组织实施属于执行阶段（Do），评估效果和改进对策属于检查阶段（Check），固化标准和总结经验属于行动阶段（Action），这八个流程基本构成了大亚公司的持续绿色供应链管理 PDCA 循环改进模式。

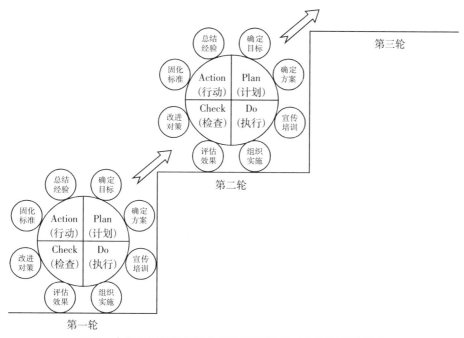

图 2 大亚公司的持续绿色供应链管理 PDCA 循环改进模式

5 结 语

  大亚公司的绿色供应链管理评估及改进工作尚处于初级阶段，主要还是专注于公司内部的清洁生产与微观层面的循环经济，而未来则需要将绿色供应链管理理论及应用拓展到产业链的上下游，包括上游选用小径材和枝桠材等可再生资源、上游原材料副产品再循环、人造板企业边角料再循环、下游分销商缺陷品和报废品再循环、终端消费者废旧品资源回收利用等，还包括在仓储库存、装卸搬运、包装加工和运输配送等环节选用节能机械设备和绿色环保工艺材料，绿色供应链应急管理及其恢复，等等。人造板产业链上下游如何协同与合作，实现全产业链的绿色供应链运营管理是亟须解决的重点和难题。李总踌躇满志地筹划着公司未来的绿色供应链管理模式，陷入沉思中……

Exploration Road of Green Supply Chain Management in DARE Wood Based Panel Group Co., Ltd.

Abstract：In the context of backward overcapacity, waste of resources and environmental pollution in the wood–based panel industry, a private enterprise—Dare Wood Based Panels Group Co., Ltd., carried out a green supply chain management assessment and improvement work, to enhance the competitiveness in the industry. Starting from the cleaner production and circular economy, several technology innovations were implemented on the basis of the whole production process assessment and identification, and the corresponding incentive mechanism and training system were also built, which improved the technology level, production operations management level and comprehensive performance for the company, increased farmers' income and employment promotion, and also saved a lot of timber resources, water resources and electrical energy, resulting in significant economic, social and environmental benefits. How to enhance the collaboration and cooperation in the upstream and downstream of wood–based panel industry chain, to achieve the green supply chain operations management for the whole industry chain, are key problems that dare faced with.

Key Words：Wood Based Panel；Green Supply Chain Management；Improvement

从孤独拓荒者到绿色领潮人

——兴业银行绿色金融信贷模式的锻造 *

摘　要：兴业银行是我国金融机构中绿色金融业务的拓荒者，最早实行了赤道原则。从 2006 年第一笔能效融资业务开始，到 2008 年接受赤道原则，成为赤道银行，再到目前"8+1"绿色金融信贷模式的全方位锻造，兴业银行深耕绿色金融信贷模式十年，逐步成为绿色金融业务的领潮人，走了一条不寻常之路。本案例将从信贷模式创新角度揭示兴业银行开展绿色金融业务创新的动机、过程和结果，有助于学员明确金融机构转型经营业务，掌握实现商业利益和社会责任平衡的决策思路与方法。

关键词：兴业银行；绿色金融；信贷模式；金融创新；社会责任

* ①本案例由南京师范大学商学院刘雪梅、陶士贵撰写，作者拥有著作权中的署名权、修改权、改编权。

②本案例由中国管理案例共享中心案例库收录，并授权中国管理案例共享中心使用，中国管理案例共享中心享有复制权、修改权、发表权、发行权、信息网络传播权、改编权、汇编权和翻译权。本书经中国管理案例共享中心同意授权引用本案例。

③由于企业保密的要求，在本案例中对部分有关名称、数据等做了必要的掩饰性处理。

④本案例只供课堂讨论之用，并无意暗示或说明某种管理行为是否有效。

引　言

　　"一流银行，百年兴业"是兴业银行的美好愿景。这个唯一一家把总部设在福建的全国性商业银行，自1988 年 8 月 26 日诞生之日就被打上地方商业银行的烙印，8 年后才得以跨区经营，15 年后更名去除"福建"二字，20 年后登陆上海证券交易所。如今，30 年过去了，兴业银行已成为拥有 126 家分行、2003 家分支机构、与全球 1500 多家银行建立了代理行关系、拥有 54208 员工的专业化金融服务平台。总资产达 6.09万亿元，居股份制同类银行首位。更为重要的是，经过十年深耕绿色金融，兴业银行已成为国内绿色金融的领跑者和弄潮儿，累计为 1 万多家节能环保企业或项目提供绿色融资超过 1 万亿元，融资余额近 5000 亿元，支持的项目可实现每年节约标准煤 2647 万吨，年减排二氧化碳 7408 万吨，年节水 3.04 亿吨，成为我国绿色金融的一面旗帜。这一切是如何做到的？这要从兴业银行和国际金融公司（IFC）的"偶遇"说起……

1 一个"偶然"的电话改变了历史

1.1 来自 IFC 的"偶然"商机

2005 年 8 月的一天，董事会秘书唐先生像往常一样正伏案工作，"叮铃铃"，办公桌上的电话响了，他拿起电话，听筒那边传来国际金融公司（IFC）孙先生的声音："唐先生，我们现在掌管着全球环境基金（GEF）的一笔资金，想以能效融资的形式和贵银行合作，可以吗？"

"能效融资？请您说得更明白些。"

"好的，能效融资是这样的，当一个企业向贵银行申请能效项目贷款时，只要该项目的节能环保效果达到要求，就可以纳入能效融资的范畴，贵银行可以给予分期还款等优惠贷款条件。一旦这类节能贷款发生损失，我们将对此贷款提供损失分担支持，按我们双方提前约定的分担比例补偿贵银行的贷款本金损失。"

"请问，这样的能效融资项目在其他国家使用过吗？使用的效果如何？"

"在东欧国家推广使用过，坏账率发生之低，完全出乎我们的预料。这说明，能效融资项目贷款本身就是一个可以推广的商业贷款产品。"

"总资金多少？"

"最高 5 亿元人民币。"

"市场前景如何？"

"根据我们对企业更换节能设备所带来的巨大收益进行的调研来看，市场前景很好。例如，一家供热公司采用天然气替换重油，每年节省燃料支出 30%。这样，更换节能设备的投资就有商业价值。"

"好的，我知道了，等我向董事长汇报之后给您答复。"

"谢谢，期待您的答复。"

放下电话，唐先生即刻向董事长高建平做了汇报。其实，他不知道的是，这笔资金本来可以作为赠款使用，但效率很低，IFC 想充分利用商业银行的杠杆效应，把它转变成更具商业价值和更具持续性的金融产品。当时已经在中国寻找了好几家商业银行，但 5 亿元人民币的贷款额度在其他银行看来"蛋糕太小"，不足以引起重视。IFC 陷入"拍不响"的窘境，这才找了兴业银行碰碰运气。

而彼时的兴业银行也正处于内外交困、经济状况捉襟见肘之时。首先，外部竞争相当激烈。大银行已把大中型企业市场份额满满占据，国内主要股份制银行也已上市，资金实力与网点规模大幅增长，抢占了中小企业的业务，哪有什么空间让兴业银行"虎口拔牙"？其次，内部经营状况不容乐观：区域性特征明显，营业网点的 37%、存款的 20% 和贷款的 18% 仍位于福建省；资本充足率仅为 7.17%，未达上市公司监管要求的下限；贷款收益率为 4.85%，列国内银行末位；个人存款比重只有 9.3%，也处于银行业垫底水平；不良贷款率高，逾期贷款率达 1.96%；贷款客户结构不合理，向大中型企业发放的贷款占比逾 80%，向资产总额 1000 万元以下的中小企业发放的贷款占比不足 10%，业务成长空间非常有限。在这种情况下，兴业银行迫切需要突破同质化困境，开拓新的业务领域，实现业务发展模式和盈利模式的战略转变。

谁也没有想到，就是这样一次"偶遇"改写了兴业银行的历史，推动兴业银行走上了绿色金融信贷模式之路。

1.2 艰难的谈判

听了汇报后的董事长高建平觉得这是一个可行的创新业务突破口，与 IFC 合作不仅能开发一款新型损失分担产品，而且能突破在中小企业融资上的业务瓶颈，并借此体现银行的社会公益责任，促进国内环保能效事业的发展，一举三得，何乐而不为？于是立即派人和 IFC 商量合作事宜，并由总行公司业务部牵头组成一支精干团队，专门负责项目产品设计以及后续操作。

兴业银行的积极主动让 IFC 很惊喜，双方立即开始洽谈工作，但谈判过程却一波三折。IFC 的首席银行家罗先生在谈判中提出三个条件："一是此项目贷款要与 A 燃气公司所提供的业务捆绑合作；二是由 IFC 审核此类贷款的贷款流程；三是最终协议要适用美国法律，接受美国法院管辖。""不行！"罗先生话音刚落，兴业银行谈判代表就不乐意了，"为什么指定与 A 企业业务捆绑？为什么要审核我们的贷款流程？不信任我们？还让我们去适应美国法律，哪有这样的道理？""先生，别着急，在东欧国家推广的时候也是实行这种模式。""东欧是东欧，中国国情不一样，而且你们这样做是对我们缺乏信任！"……谈判不欢而散。

2006 年春节过后，双方谈判小组负责人经过慎重思考，进行了一次推心置腹的长谈，决定重新开始谈判。经过新一轮艰苦拉锯，IFC 答应由兴业银行决定贷款对象，前提是符合项目的能效宗旨。由兴业银行确立适合的贷款审批流程，实施更为切实有效的风险识别与风险控制方法，但要和 IFC 加强调研交流。贷款本金损失 10%以内，IFC 承担大头；超过 10%的部分，兴业银行承担大头。对于协议的管辖地，直至谈判最后时刻才敲定，约定在第三方国家进行仲裁，适用纽约州法律。"耶，谈判成功！"每个人都松了一口气。

2006 年 5 月 17 日，兴业银行行长李仁杰与 IFC 执行副总裁拉尔斯特内尔在上海签署了《损失分担协议》，根据《损失分担协议》，IFC 向兴业银行提供 2 亿元人民币的本金损失分担，以支持最高可达 4.6 亿元人民币的贷款组合，兴业银行以 IFC 认定的节能、环保型企业和项目为对象发放贷款，IFC 则为贷款项目提供相关的技术援助和业绩激励，并收取一定的手续费。这是中国第一例采用损失分担方式对中小企业提供能效融资的国际协议，它宣告了兴业银行绿色金融的开端，为其树立了中国"绿色金融"的先行者与倡导者形象。

1.3 能效融资贷款对银行传统信贷模式的改造

此能效融资贷款业务将兴业银行与 IFC 的市场化融资优势、公用事业服务优势和风险管理优势等融为一体，针对中国在节能技术运用和循环经济发展方面的融资需求，改造了传统信贷模式。由于绿色金融的服务对象多为中小企业，规模小、资产轻，缺乏可以作为抵押物的不动产，所以不易取得传统信贷融资的支持。而且环保产业具有"一次投入、分次回收""现金流稳定但回报期长"的特点，所以中小企业想获得环保融资难度很大。针对这种状况，兴业银行创新性地提出未来收益权质押融资模式，即在贷前调查阶段着重调查借款人、设备、项目等是否符合项目有关规定，拟实施项目是否节约能源，再从损失分担机制和市场实际出发，采用"告别砖头、就地取材"（即不强调房产、土地抵押担保）的原则，依靠对贷款风险概率的评估进行决策，科学分析、正确把握且着重考量借款人和项目现金流，将项目的销售现金流收入作为还款来源，将未来收益权作为抵押物，有效降低了中小企业节能减排融资门槛，延长了贷款期限（最高可达 5 年），使众多经营效益好、发展潜力大、生产经营优势明显但缺乏抵押担保资源的中小企业客户获得了节能技改资金支持，得到了公平的金融服务机会。能效融资下的绿色金融信贷模式如图 1 所示。

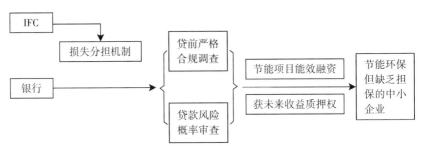

图 1　能效融资下的绿色金融信贷模式

通过这种独特的、市场化的绿色金融运作模式，兴业银行成功切入中国新兴的节能融资市场，实现了业务创新，为发掘新的市场机会、开发培育新的核心客户开辟了广阔空间。IFC 提供的援助资金和技术的效用也得到成倍放大。在该项目下，IFC 为兴业银行发放绿色信贷提供了 2500 万美元的贷款本金风险分担；兴业银行为中国 51 个节能减排项目提供了 12 亿元的贷款，项目涉及工业锅炉改造、余热回收、节电以及工业能源利用的优化等。这些项目的实施每年可减少 400 多万吨二氧化碳和其他温室气体的排放，相当于超过 21 万辆出租车行驶 1 年所产生的温室气体排放。该项目的成功推广让兴业银行在 2007 年 6 月获得由英国《金融时报》和 IFC 联合颁发的 "可持续交易银奖",成为当时国内唯一获此殊荣的金融机构。

但金融市场不认可兴业银行的这一做法,认为兴业银行虽然进行了业务创新,履行了社会责任,但收益不高,因为银行经营的三原则是安全性、流动性、盈利性,"社会性" 应该在诸多目标之后,兴业银行是本末倒置。因此,"出力不讨好""自讨苦吃" 是当时市场的普遍看法。面对这种状况,兴业银行给自己的标签是 "孤独的拓荒者",这既是一种自嘲,也代表了一份坚定的业务创新理念和履行社会责任的信念。

2 一次 "偶然" 的谈话推动了国内首家赤道银行的诞生

兴业银行和 IFC 能效贷款合作融资的金融创新业务使其初步开发了绿色融资这一业务,虽然不被世人看好,但毕竟突破了一些融资瓶颈,实现了经济效益的提升。

2.1 一次 "偶然谈话" 带来赤道原则的信息

2006 年底,兴业银行代表唐先生参加国际会议,和 IFC 公司的 Mike 在会议间隙聊天时,Mike 说道:"唐先生,贵行已经进行了能效贷款,可以考虑采纳赤道原则,成为赤道银行。"

"什么是赤道原则？"

"赤道原则是由 IFC 与荷兰银行在 2002 年 10 月联合发起的，参考 IFC 的可持续发展政策与指南建立的一套金融行业基准，旨在判断、评估和管理项目融资中的环境和社会风险，倡导金融机构对项目融资中的环境和社会问题尽到审核性核查义务。具体包括十大原则声明、八大绩效标准和八大类、六十二个具体行业的环境、健康、安全指南。既有一整套完备的原则、标准，也有实施这些原则、标准的具体覆盖范围、业务流程和操作方法。因为发达国家大部分在地球的北半球，而发展中国家很多在地球的南半球，既然有南北之分，这个原则就放在中间，叫作赤道原则。赤道原则的理念是'兼顾南北，平衡全球利益'。"

"国际上有多少银行采纳了赤道原则？"

"参与制定的银行有花旗集团、荷兰银行、巴克莱银行、西德意志银行等，2003 年就有十家银行采纳了赤道原则，目前包括花旗、渣打、汇丰在内的 40 余家世界领先金融机构均采纳了赤道原则。赤道原则已经成为国际金融机构践行企业社会责任的主要行动之一，也是国际项目融资的一个新标准。"

"采纳赤道原则的银行需要做什么？"

"赤道原则要求银行必须进行环境风险的管理，认真审查客户提出的所有项目融资请求，不能直接把贷款提供给那些不愿或者不能遵守赤道银行环境和社会政策与程序的项目。如果贵行有兴趣，我可以送您一份相关的介绍文件。"

"好啊，谢谢您。"

唐先生觉得这是一个很有价值的原则，契合了能效贷款及相关业务的环境风险管理理念，也符合节能环保的国际潮流及我国的环保要求，可以成为推动兴业银行谋求长远发展战略和转型经营模式的重要切入点。而且，在能效融资业务创新的基础上，能够与国外金融机构共用一个标准，被国外接纳的可能性就会大大增加，有利于拓展国际业务。回国后，唐先生立即将此事报告给了董事长高建平。高建平的想法是：要从战略高度出发，把企业社会责任和可持续金融作为核心理念与价值导向，充分考虑多元利益主体的诉求，有效平衡商业利益与社会责任的矛盾，建立一套与战略思想和治理理念相配套的经营模式和业务流程。于是，高建平组织董事会办公室工作人员开展对赤道原则的系统研究。

2.2　压力重重

经过研究，董事会决定采纳赤道原则，但此想法却遭遇了强大的内外部压力，不少股东、分行行长、内部员工和融资企业纷纷反对采纳赤道原则。因为一旦接受赤道原则，就意味着在信贷活动中要按照该原则的要求执行，对于不达标的项目则不能发放贷款，对于可能影响环境的项目要敦促其进行环评，敦促其改善环境，这样会增加项目的融资成本，提高融资门槛，降低银行竞争力，影响业务的发展，进而降低盈利，增加风险，不利于兴业银行的发展和对股东、员工利益的保护，更不利于留住经营客户（他们认为增加了义务）。而市场对这个从外国请来的谁都没听过的赤道原则也理所当然地采取了不信任的态度。在迷雾一般的前景中是前进还是后退？利益与责任，孰轻孰重？敢于"第一个吃螃蟹"吗？世纪难题摆在了兴业银行董事会面前，高建平的眉头也越锁越紧……

2.3　积极行动，解除压力

高建平和董事会成员终于达成了一致意见："与其被动等待大家意识转变，不如主动行动，解除压力。"首先，做好分工。2008 年 7 月成立了由高建平担任组长的赤道原则工作领导小组，实行统一领导。董事会主要决定环境与社会风险管理战略、发展方向和计划，并做好"协调人"，平衡各种利益关系；高管层根据董事会决议统筹相关目标和方案，落实董事会各项决策，把董事会确立的绿色治理理念转化为具体的行动，包括组织开展相应的产品创新、制度设计、市场营销推广以及专业化的人才队伍建设等，形成现实的绿色金融生产力；业务部门根据新导入的赤道原则规范履行环境与社会责任。各司其职后，着力于有效化解各种分歧，推动绿色金融理念落地，解除股东的担忧和疑虑。其次，邀请部分分行行长共谈绿色金融，告诉大家赤道原则不是一种限制，而是一种有效管理风险的方式，是教银行怎么更好地可持续发展，帮助银行和客户实实在在地解决问题，甚至可以作为责任营销手段，当成营销的一张"王牌"。再次，加大对内部职工的培训和环境教育。依托于早几年与 IFC 在能效融资项目合作上积累起来的制度、人才、业务基础，兴业银行进行了"多层次、多角度、全方位"的内部培训，以多种方式开展文化宣传，并增加符合赤道原则项目的营销费用，强化考核激励，引导先进理念落地。通过一系列强有力的培训，使得全行广大员工逐步接受绿色理念并积极主动地发展绿色金融，培养了一批熟悉绿色金融业务的营销、管理人员。最后，对于客户的不理解，兴业银行专门召开赤道原则研讨会，向客户普及知识，介绍国内外跨国企业环境和社会风险管理的经验。同时，走访客户项目现场，了解项目环境与社会绩效情况，以系统化的方法帮助其改进项目环境与社会风险管理能力方面的理念、工具与方法，并且通过创新产品（主要是碳金融产品），帮助企业家变"废"为"金"，让客户真实体会到绿色金融理念也能带来实实在在的经济效益。

2.4　勇做"第一个吃螃蟹者"

统一好内外部的意见后，兴业银行加快了开拓绿色金融的步伐。2007 年，兴业银行进一步签署了联合国环境规划署的《金融机构关于环境和可持续发展的声明》，承诺将环境因素纳入商业决策的考量范畴。2008年 2 月，兴业银行与 IFC 签署了不设融资额度上限的二期能效融资项目协议，额度达到 15 亿元，每年二氧化碳减排超过 500 万吨，相当于关闭 10 座 100 兆瓦的火力发电站。4 月，高建平董事长在股东大会上提出了公司治理理念的总体战略目标，即"切实贯彻落实科学发展观，深化对银行社会责任与自身可持续发展间关系的认识，积极探索以多种方式推动银行践行社会责任，构建人与自然、环境、社会和谐共处的良好关系"。2008 年 10 月 31 日，兴业银行在北京召开新闻发布会，正式宣布承诺采纳赤道原则，并将按此理念和方法约束银行各项经营管理活动，由此成为全球第 63 家、国内首家赤道银行，也标志着兴业银行全面转为绿色银行，同时为其他金融机构推行绿色金融业务做出了表率。

2.5　对赤道原则下银行信贷模式本土化的改造和创新

赤道原则适用于总投资在 1000 万美元以上的新项

目、可能对环境和社会产生重大影响的旧项目扩容和与更新现有设备有关的项目融资，以及项目融资财务咨询服务等金融行为。兴业银行从自身实际出发，对赤道原则进行了本土化改造，设定了两套赤道原则审核使用标准，一套为国内企业总投资为亿元人民币及以上的项目；另一套为"走出去"企业在国外总投资1000万美元及以上的项目。

兴业银行还从管理流程开始，建立了将环境审查、社会责任审查纳入信贷审查的"三位一体"审批流程。首先，审查是否为项目融资。其次，对适用范围内的融资项目按照潜在的环境社会风险和影响程度分为高（A）、中（B）、低（C）三类。对A类和B类（高风险和中风险）项目，借款人要完成一份《环境评估报告》，以说明怎样解决存在的环境和社会问题，然后完成以减轻污染与监控环境和社会风险为内容的《环境管理方案》。最后，银行与借款者签订契约，积极拓展国内外第三方评估机构资源，聘请独立的环保专家负责审查项目的《环境评估报告》和《环境管理方案》、行动计划以及磋商披露的记录等资料，并根据国情酌情调整评估流程，以确定贷款企业是否充分考虑到环境与社会问题，是否违反了赤道原则，环境和社会风险系数有多高。在贷款期内，银行要对项目建设和运营实施持续性的监管，定期披露在赤道原则方面的实施情况。这意味着采纳赤道原则不仅需要更严格的信贷标准，也必须创新信贷模式以提升核心竞争力。赤道原则下的绿色金融信贷模式如图 2 所示。

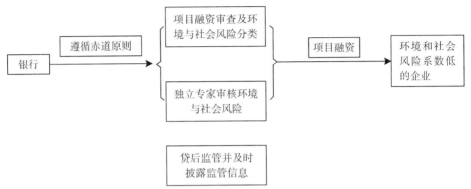

图 2 赤道原则下的绿色金融信贷模式

采纳赤道原则后，兴业银行得以借鉴成熟的国际规则，侧重考察第一还款来源的有效性，科学分析现金流，快速创新绿色金融信贷模式，建立起一套科学的环境和社会风险管理制度，改进了原先略显薄弱的公司治理结构和风险管理体系，并将环境与社会风险管理植入业务流程，开发了新的业务模式，促进了兴业银行的经营转型。2009 年 6 月 4 日，兴业银行凭借其在可持续金融领域的先行探索与成就，荣获英国《金融时报》和 IFC 联合颁发的"年度亚洲可持续银行奖"冠军，成为我国唯一获此殊荣的金融机构，同时也成为国内唯一一家连续三年荣获"可持续银行奖"提名，并两度获奖的金融机构。

3 大胆创新，深耕绿色金融信贷模式

就在兴业银行采纳赤道原则后准备甩开膀子在绿色金融信贷模式创新上大干一番时，市场上不和谐的声音又传了进来：

"实行赤道原则会提高融资成本和门槛，谁还会去兴业银行贷款？"

"我国已经有了国家环境评估标准，为何还要进行赤道原则的相关审查？难道银行的环境审查标准还要高过国家标准？崇洋媚外！"

"不好好做分内的事情，瞎折腾！"

面对白眼，高建平和董事会成员坚信自己的做法是正确的，没有必要受市场干扰。高建平知道，只有不断进行创新，保有动态优势，兴业银行的发展才是可持续的。我国银行业产品和服务同质化、风险管理体系不健全现象非常严重，传统行业竞争异常激烈。兴业银行没有规模、人力、市场和地域等优势，要想在这种竞争中获胜几乎是不可能的。但绿色金融在当时尚未开发，也是国家鼓励发展的领域。2003 年以后，中国人民银行、银监会、环保部等有关部门加快引进国外绿色金融相关先进理念与方法，并在监管规范中鼓励国内商业银行积极探索实践。2007 年 7 月，环保部与银监会、人民银行联合下发了《关于落实环保

政策法规防范信贷风险的意见》。因此，对于兴业银行而言，绿色金融既可以开辟新的业务领域、实现业务增长，又能以商业化的形式履行社会责任，是形成差异化竞争策略和实现可持续发展的重要契机。

3.1 借鉴国外经验，为创新绿色金融信贷模式继续"折腾"

兴业银行致力于"折腾"，但没有瞎折腾，而是敏锐地抓住绿色金融发展的机遇，快速做出反应和决策，深耕绿色金融信贷模式，不断创新开拓新的业务领域，努力寻找更为广阔的发展空间。由于国内没有相应的经验可资借鉴，高建平就把目光转向了国外。国外商业银行从联邦德国成立第一家生态银行起就一直致力于绿色金融业务的发展，已经取得了一些突破性进展，创新了不少绿色金融业务产品和信贷模式。

经过研究，他们发现国外的绿色金融信贷模式有一个共同点，即直接面向市场。一是直接面向客户（包括消费者和企业）；二是直接面向项目。其中，面向客户的绿色金融信贷模式非常丰富。例如，加拿大帝国商业银行以住房抵押贷款的模式贷款给购买节能型住房或进行节能改造的客户；美国花旗银行为购买和安装住房太阳能技术的客户提供房屋净值贷款或信用产品支持；荷兰合作银行发放气候信用卡给客户；英国巴克莱银行则对客户使用信用卡购买绿色产品和服务提供优惠与较低的利率；温哥华城市商业银行为混合动力汽车提供优惠利率；美洲银行则向卡车运输公司提供无抵押贷款优惠，资助节油技术的开发。面向项目的绿色金融信贷模式主要是项目融资、碳融资与排放交易。实行项目融资的银行如法国巴黎银行、荷兰合作银行、渣打银行、巴克莱银行等，有专项服务部门致力于清洁能源项目的长期投资，有些银行还专门面向一种（或多种）可再生能源技术进行项目融资，爱尔兰银行则致力于废弃物再生能源项目融资。推行碳融资和排放交易融资模式的巴克莱银行、汇丰银行、荷兰银行、法国巴黎银行等提供股权、贷款或预付款或货到付款，从清洁发展机制项目和联合履约项目购买碳信用，在银行的交易平台提供可交易的产品或开发碳补助及碳信用支持的信贷产品。这些绿色金融信贷模式在国外取得了不错的成果，也成为兴业银行可资借鉴的丰富资源。

3.2 着力锻造"8+1"绿色金融信贷模式

国外的绿色金融信贷模式成果丰硕，但能否直接照搬过来？是否适合兴业银行这个中等商业银行？多年来在金融领域摸爬滚打的经验告诉高建平，直接面向市场推行这些绿色金融信贷模式成功率不会很高，只有结合中国国情和兴业银行实践进行本土化改造才是生存之道。因此，他们一方面积极巩固前期成果，延续由能效贷款而来的绿色金融信贷模式；另一方面着力整合资源，协同各方力量，提高绿色金融信贷效率，在已有基础上进行绿色金融信贷模式的深化和创新。首先，他们进一步将收益权由"非标"确权为"标准化"抵押物，再辅以其他补充担保方式及信用增级手段，进一步解决节能环保企业的融资担保问题。其次，根据环保产业的特点，合理利用政府和社会资本合作的 PPP 模式，整合多方资源，有效分散风险，确保长期稳定收益。最后，他们不断大胆创新，根据市场需求锻造绿色金融信贷模式，形成了八种绿色金融信贷模式和一种非信贷融资模式（即"8+1"模式），每种模式适用于不同的融资企业，从而扩大了绿色金融的推广范围，业务领域拓展到了能源生产、输送和使用等各个环节。

在八种绿色金融信贷模式中，有五种是直接面向企业和用户的贷款模式，另外三种是通过节能服务商或金融租赁公司面向企业或客户进行贷款。

3.2.1　直接面向企业和用户的绿色金融信贷模式

一是节能减排技改项目融资模式（见图 3）。在这种模式下，项目企业为提高能源使用效率或降低温室气体排放，自身发起实施节能减排技术改造，对现有设备及工艺进行更新和改进，或引进高效节能的生产线，从而产生了资金需求。兴业银行直接与此项目企业建立融资合作关系，通过对项目技术和企业综合实力的审核，制定融资方案，发放贷款。此模式适用于符合损失分担条件的客户，资金用于能效、新能源和可再生能源、碳减排和资源综合利用等领域，包括固定资产贷款和流动资金贷款等融资产品。

图3 节能减排技改项目融资模式

该模式的一个成功案例是给山东某股份有限公司发放了5年期电石泥制纯碱项目贷款，支持节能减排技术改造，实现年综合利用电石泥329万立方米、节约标准煤11.5万吨、减排二氧化碳31.6万吨。不仅解决了电石泥堆放造成的污染问题，而且实现了温室气体减排和固体废弃物环保处理。

二是清洁发展机制（CDM）项目融资模式（见图4）。即CDM项目开发单位向兴业银行提出融资需求，兴业银行通过引入专业的合作伙伴，经过审核，以CDM项下的碳减排指标销售收入作为融资的重要考量因素，设计融资方案，提供融资服务，促进CDM项目的开发、注册、交易。

图4 清洁发展机制（CDM）项目融资模式

此模式的一个成功案例是对深圳某科技有限公司提供了匹配项目及CDM现金流结构的3年期项目贷

款，使该企业实现年减排二氧化碳 16.0 万吨，避免了垃圾填埋场耗散沼气的大气污染。

三是公用事业服务商融资模式（见图 5）。此模式下公用事业服务商（天然气等）下游的终端用户作为融资主体，由终端用户向兴业银行申请节能减排项目贷款，用于向公用事业服务商支付相关设施建设费用以使用清洁能源。该融资模式的应用有利于清洁能源的推广应用。

图 5　公用事业服务商融资模式

此模式的一个成功案例是针对湘潭市某医院项目建设资金不足提供了 3 年期项目贷款。在为客户提供融资支持的同时，也为天然气供应商的市场拓展提供了间接支持，实现了公用事业公司、能效设备提供商及能源终端用户的多方共赢，年减排二氧化碳 1.2 万吨。

四是设备供应商买方信贷融资模式（见图 6）。节能减排设备供应商与购买方客户签订买卖合同后，节能设备的购买方向兴业银行提出融资申请，经兴业银行对项目技术和企业综合实力审核后，为客户设计融资方案，提供融资服务。该模式是对买方信贷模式的创新。

图 6　设备供应商买方信贷融资模式

　　该模式的一个成功案例是对深圳某节能企业给予3年期的专项买方信贷授信额度，由项目实施企业作为借款人，贷款专项用于采购节能设备生产企业生产的节电器。节能设备生产企业负责各种售后服务，并在还款期限内提供设备回购保证，年减排二氧化碳1.98万吨。

　　五是排污权抵押融资模式（见图7）。此贷款用于排污企业以自身已购买的排污权作为抵押向银行申请融资，或排污企业向银行申请融资专项用于购买排污权并以该排污权作为主要抵押品。

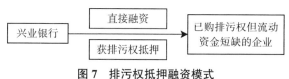

图7　排污权抵押融资模式

　　该模式的一个成功案例是兴业银行对嘉兴市某区的企业设计了排污权抵押贷款金融服务方案，并以此向企业发放了排污权抵押贷款，担保方式采用以该企业每年30.91吨化学需氧量的污染物初始排放权作为抵押，缓解了该企业因购买排污权而出现的流动资金短缺的问题。

　　3.2.2　通过节能服务商等中间商向企业或客户提供绿色金融信贷模式

　　2011年，兴业银行创新性地提出"引入中间机构、实现打包增信"的类合同能源管理融资模式，即引入技术服务商（如节能技术供应商、节能设备供应商、管理型物流企业等）作为整个融资模式的中间机构，由技术服务商为企业实施节能技改并分享节能收益，再由技术服务商向兴业银行打包申请节能技改融资，财政资金和世界银行赠款则以政策补贴资金池的形式为技术提供商提供先期担保和后端补贴发放，从而实现外部增信。通过这样的信贷模式创新，实现了多方受益：环保融资企业通过"零投入"完成节能降耗改造；技术服务商得以进入市场，分享企业节能效益；财政资金和世行赠款由直接补贴转变为增信手段，借助信贷杠杆放大了资金使用效益；对兴业银行而言，通过引入中间机构和打包增信，避免了直接面对众多实力、资质、信用参差不齐的环保融资企业，降低了"一对多"所带来的操作成本和信用风险。此类绿色金融信贷模式主要有：

一是节能服务商（EMC）融资模式（见图 8）。节能服务商作为融资主体，对终端用户进行能源审计并以已建成或拟建合同能源管理项目未来收益权作为质押，向兴业银行提出融资申请，兴业银行通过对项目技术和企业综合实力进行审核，设计融资方案，提供融资服务。此模式下，节能客户无须出资金，合同完成后高效的节能设备也归客户所有，客户只需将节能效益部分与能源管理公司长期分享即可，从而降低了客户的成本与风险。

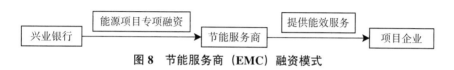

图 8　节能服务商（EMC）融资模式

此模式的成功案例是深圳市某实业有限公司的新都酒店获得了兴业银行两年期节能改造项目贷款，由此年节约标准煤 160 吨，减排二氧化碳 440 吨。

二是节能减排设备制造商增产融资模式（见图 9）。这是对卖方信贷模式的创新，由节能减排设备制造商作为融资主体，向兴业银行申请贷款用于生产专业节能设备，经兴业银行对项目技术和企业综合实力审核后，设计融资方案，提供固定资产贷款、流动资金贷款或者项目贷款的组合融资模式，用于支持节能减排项目。

图 9　节能减排设备制造商增产融资模式

该模式的一个成功案例是兴业银行向某纺织机械有限责任公司提供了 3 年期占项目总投资 64%的项目贷款，有效解决了企业发展资金瓶颈，帮助成长型企业提高了生产能力，实现年减排二氧化碳 4.7 万吨。

三是融资租赁公司融资模式（见图 10）。该模式针对融资租赁公司在节能环保领域开展的租赁业务提供融资。融资租赁公司作为融资主体，以其节能环保项目应收租赁款作为主要质押品，向兴业银行申请融资。

图 10　融资租赁公司融资模式

此模式的一个成功案例是针对某国际租赁有限公司自身短融长投的资金期限错配难题提供了 4 年期项目贷款，占项目总投资的 79%。该项目支付给租赁公司的租金直接汇入其在兴业银行开立的结算账户，并优先用于偿还贷款本息。实现年减排二氧化碳 630 吨。

此外，兴业银行还在绿色金融融资领域创造了非信贷融资模式。即兴业银行充分发挥自身作为综合性金融服务平台的作用，针对具备高成长性的节能减排项目，联合信托、租赁等金融同业，带动私募股权投资基金等社会资金投入节能减排项目，实现了由融资人到融资安排人的角色转变。

3.3　绿色金融信贷模式提升了经济效益和品牌价值

"8+1" 绿色金融信贷模式是兴业银行根据中国国情和自身实践实现的绿色金融本土化模式，进一步契合了赤道原则的风险管理精神，充分体现了其社会责任感，获得了稳定的贷款利息收入，经济效益和品牌价值提升作用明显。截至 2016 年末，兴业银行实现净利润 538.5 亿元，同比增长 7.26%，保持同业优秀水平；不良资产率较第三季度末下降 0.06 个百分点；年末拨备覆盖率 210.51%，拨贷比 3.48%，处于同业最好水平。同时，兴业银行的品牌价值也同步提升，在 2016 年《福布斯》全球上市企业排名中位居第 59 位，跻身全球银行 50 强、全球上市企业 100 强、世界企业 500 强。在英国《银行家》杂志联合世界知名品牌评估机构 Brand Finance 发布的"2017 全球银行品牌 500 强"榜单上，兴业银行排名第 21 位，大幅上升 15 位，品牌价值突破百亿美元，达 105.67 亿美元，同比增长 63.70%。兴业银行连续六年蝉联中国银行业"年度最具社会责任金融机构奖"，并先后获得"亚洲卓越商业银行""杰出中资银行奖""卓越竞争力金融控股集团""卓越创新银行奖"等多项殊荣。

3.4　绿色金融信贷发展的隐忧

虽然绿色金融信贷业务在兴业银行开展得热火朝天，但高建平也清楚地看到，就我国整个银行体系而言，绿色金融还处于初级阶段，无论是其自身发展，还是对建设美丽中国、促进生态文明建设，都还存在诸多困难和障碍。据估算，到 2030 年我国绿色融资需求规模最高可达 123.4 万亿元，按照近几年中央和地方财政对绿色产业的投入来看，财政职能仅提供 15%~20% 的绿色投资，85% 以上的绿色投资需要社会出资，但目前绿色融资在我国商业银行资产中的占比仅为 10% 左右，资金缺口为现有融资的 20 倍，远远不能满足实际需要。许多银行机构在绿色金融方面没有形成行之有效的业务模式、盈利模式，仅仅把绿色金融当作一项只会增加经营成本而又不得不履行的社会责任或不得不执行的国家政策，主观意愿不强，方式方法简单，产品服务欠缺。而我国现行绿色金融政策体系也不完备，严重制约了绿色金融的发展和功效的发挥。当前的绿色金融政策以限制性和约束性政策居多，鼓励性、补贴性的优惠政策不足且落实不到位。同时，由于缺乏强有力的法律制约和详细、统一的规范标准，不同机构和不同区域在执行限制性和约束性绿色金融政策的过程中存在较大差异，这使得兴业银行深化和创新绿色金融信贷模式的积极性容易受挫。

4　结　语

十年来，兴业银行深耕绿色金融信贷模式，鼎力支持中国的环保事业，从第一笔能效融资信贷的诞生，到赤道原则下绿色金融信贷模式的改造，再到"8+1"绿色金融信贷模式的创新，走过了一条从无到有、敢为天下先的绿色金融之路。回想当初的孤单及一路的艰辛，高建平常常有种"众里寻他千百度，蓦然回首，那人却在灯火阑珊处"的感觉。虽然目前绿色金融信贷业务还没有在全社会铺展开来，也没有被所有的金融机构接受，但绿色金融已经上升为中国的国家战略。

2016 年 3 月的《"十三五"规划纲要》明确提出,要"建立绿色金融体系,发展绿色信贷、绿色债券,设立绿色发展基金"。2016 年 8 月 31 日,中国人民银行、财政部等七部委联合印发了《关于构建绿色金融体系的指导意见》,使中国成为全球首个建立了比较完整的绿色金融政策体系的经济体。2016 年 9 月,G20 峰会在中国杭州召开,着力强调发展绿色金融,是我国政府希望促进世界各国转变经济增长方式的一种宣言。高建平相信绿色金融的春天正在来临,而绿色金融信贷模式的大发展还在后面!

站在绿色金融的潮头,高建平知道自己肩上的担子还很重,而未来也许就像隐藏在平静海面下的波涛一样,不知会翻出什么样的滔天巨浪,但他已经做好准备去迎接明天更大的风浪!

From the Lonely Explorer to the Green-trendsetter

—The Forging of the Green Financial Credit Model of the Industrial Bank Co. Ltd.

Abstract:The Industrial Bank Co. Ltd. is not only the first pioneer of green financial business among all financial institutions of China, but also the first to adopt the Equator Principle. After the first energy efficiency financing business began in 2006, the Industrial Bank accepted the Equator Principles in 2008 and became to the Equator Bank. Then it forged the "8+1" green financial credit modes. The Industrial Bank cultivated green financial credit modes deeply for ten years. It is from the original lonely pioneer to today's green finance business to bring hipsters, the Industrial Bank has walked a unusual way. This case will reveal the Industrial Bank's green financial business motivation, process and results form the point of credit mode innovation view. It can help to clear the decision-making ideas and methods of financial institutions' transformation, and realize the balance between the business interests and the social responsibility.

Key Words: The Industrial Bank Co. Ltd.; Green Finance; Credit Model; Financial Innovation; Social Responsibility

联想（Lenovo）集团的海外并购战略与国际税收筹划*

摘　要： 近年来，伴随着我国经济的快速发展，国内资本规模不断壮大，越来越多的中国企业具备了"走出去"的实力，大规模的海外并购已成为中国企业在国际舞台上展示国家和企业竞争力的重要形式。海外并购是一项复杂的系统工程，除了从企业发展战略和企业财务状态对并购活动进行利弊分析外，对并购中涉及的税务环境、税负水平、税务风险等税务问题的影响效应同样应给予足够重视。本案例呈现了联想集团 2005 年成功并购 IBM 公司 PC 业务活动的战略分析和涉及的税收问题，包含并购战略动机、融资方式及支付方式选择、税收筹划设计及其成效。通过理论分析，有利于学生理解和掌握热点税务问题及相关税务风险，从而设计合理的税务筹划方案。

关键词： 海外并购；税收筹划；战略管理

* ①本案例由南京师范大学商学院的卞曰瑭老师和研究生刘伟、万镔、言宇、叶华应、陈涛、朱仕祥撰写，作者拥有著作权中的署名权、修改权、改编权。

②本案例由中国管理案例共享中心案例库收录，并授权中国管理案例共享中心使用，中国管理案例共享中心享有复制权、修改权、发表权、发行权、信息网络传播权、改编权、汇编权和翻译权。本书经中国管理案例共享中心同意授权引用本案例。

③由于企业保密的要求，在本案例中对有关名称、数据等做了必要的掩饰性处理。

④本案例只供课堂讨论之用，并无意暗示或说明某种管理行为是否有效。

引　言

2004 年 12 月 8 日，北京五洲大酒店会场座无虚席，联想集团董事局主席柳传志精神抖擞地走上主席台，用一贯自信而充满激情的声音向大家宣布："我荣幸代表联想集团董事会向各界宣布，联想集团以 12.5 亿美元收购 IBM 个人电脑事业部，收购的业务为 IBM 全球的台式电脑和笔记本电脑的全部业务，包括研发、生产、采购、销售。至此，联想集团将成为年收入超百亿元的世界第三大 PC 厂商。"随后，柳传志与 IBM 高级副总裁兼全球服务部总经理 John Joyce 完成了签字仪式。回想联想集团收购 IBM 集团 PC 业务的历程，柳传志及其所领导的团队付出了无数的艰辛和汗水，历经 13 个月的谈判终于换来了今天的签字仪式，完成了国际并购战略目标的第一步，但更大的挑战还在后面，联想集团能实现最终的战略目标吗？

1　并购前公司的发展现状

联想集团有限公司成立于 1984 年，由中国科学院计算技术研究所投资 20 万元、11 名科技人员创办，当时称为"中国科学院计算技术研究所新技术发展公司"。1989 年，成立"北京联想计算机集团公司"。目前，联想集团公司是一家极富创新性的国际化科技公司，由联想及原 IBM 个人电脑事业部组成。作为全球个人电脑市场的领导企业，联想从事开发、制造并销售最可靠的、安全易用的技术产品及提供优质专业的服务，帮助全球客户和合作伙伴取得成功。联想公司主要生产台式电脑、服务器、笔记本电脑、打印机、掌上电脑、主机板、手机等商品。1996 年开始，联想电脑销量位居中国国内市场首位，在中国，联想个人电脑产品的市场份额达 35.2%（Q2/FY2007，IDC 数据），已连续 10 年保持中国排名第一。2005 年 5 月，联想与 IBM 共同宣布，联想完成了对 IBM 全球 PC 业务的收购，国际化新联想正式扬帆起航，这标志着全球第三大个人电脑企业从此诞生。目前，联想（HKSE：992，ADR：LNVGY）是一家营业额达 460 亿美元的《财富》世界 500 强公司，是全球消费、商用以及企业级创新科技的领导者。

1.1　公司的发展定位

（1）公司发展定位：联想从事开发、制造及销售最可靠的、安全易用的技术产品。企业的成功源自不懈地帮助客户提高生产力，提升生活品质。

（2）公司发展使命：为客户利益而努力创新，创造世界最优秀、最具创新性的产品，像对待技术创新一样致力于成本创新，让更多的人获得更新、更好的技术，实现最低的总体拥有成本（TCO）、更高的工作效率。

（3）公司品牌精神：高端品质、创新、国际化、企业责任。

1.2 公司的发展历程

1984 年 10 月 17 日：在北京海淀区科学院南路二号，柳传志带领 10 名技术人员，以 20 万元人民币（2.5 万美元）的启动资金，创建了联想公司的前身中国科学院计算技术研究所新技术发展公司。

1990 年：首台联想微机投放市场。联想由一个进口电脑产品的代理商转变成为拥有自己品牌的电脑产品生产商和销售商。联想系列电脑相继通过产品技术鉴定和国家"火炬计划"验收。

1992 年：联想推出家用电脑概念，"联想 1+1"家用电脑投放中国市场。

1993 年：联想进入"奔腾"时代，推出中国第一台"586"个人电脑。

1994 年：联想在香港证券交易所成功上市。联想微机部正式成立。

1995 年：联想推出第一台联想服务器。

1996 年：联想首次位居中国国内市场占有率首位。联想笔记本电脑问世。

1997 年：联想与微软签订知识产权协议，联想

MFC 激光一体机问世。

1998 年：联想推出"幸福之家"软件，并预置于每台联想家用电脑上，使得联想的市场占有率进一步提升到 14.4%。

1999 年：联想成为亚太市场顶级电脑商，在中国电子百强企业中名列第一。联想发布具有"一键上网"功能的互联网电脑。

2000 年：联想股价急剧增长，联想集团有限公司进入香港恒生指数成份股，成为香港旗舰型的高科技股。联想跻身全球十强最佳管理电脑厂商。联想被世界多个投资者关系杂志评为"中国最佳公司"。

2001 年：杨元庆出任联想总裁兼首席执行官。联想首次推出具有丰富数码应用的个人电脑产品。

2002 年：联想举办首次联想技术创新大会（Legend World 2002），推出"关联应用"技术战略。联想"深腾 1800"（Deep Comp 1800）高性能计算机问世。这是中国首款具有 1000 GFLOP/s（每秒浮点操作次数）的电脑，也是中国运算速度最快的民用电脑，在全球前 500 名运算最快的电脑中名列第 43 位。联想成立手机业务合资企业，宣布进军手机业务领域。

2003 年：联想宣布使用新标识"Lenovo"，为进军海外市场做准备。基于"关联应用"技术理念，在信息产业部的领导下，联想携手众多中国著名公司成立 IGRS 工作组，以推动制定产业相关标准。联想启动

"2003 联想科技巡展"，推广联想的创新技术及理念。联想成功研发出深腾 6800 高性能计算机，在全球超级计算机 500 强中位居第 14 位。

2004 年：联想成为国际奥委会第六期奥林匹克全球合作伙伴，赞助金额为 6500 万美元。联想作为第一家成为国际奥委会全球合作伙伴的中国企业，为 2006 年都灵冬季奥运会和 2008 年北京奥运会独家提供台式电脑、笔记本电脑、服务器、打印机等计算技术设备以及资金和技术上的支持。联想推出为乡镇家庭用户设计的圆梦系列电脑以发展中国乡镇市场。

2 联想集团的并购之路

自 20 世纪 90 年代以来，我国的电子信息化产业一直保持着较快的发展速度，IT 产业已经成为我国工业的支柱产业。我国 IT 市场潜力巨大，吸引了一批国际一流企业。戴尔、惠普等国际知名企业进入国内市场后，其高质量的产品和优秀的服务严重威胁着国内同行业企业的生存空间。因此，如何在国际市场上发挥比较优势成为国内企业需要考虑的问题。同时，21 世纪初期，PC 市场已经发展到行业的成熟期，其具体表现是产品的边际利润下降，竞争更加激烈，各大 PC 生产制造商开始进行大量的并购重组，如惠普并购康柏。这种行业现状对于综合实力相对较弱的国内企业而言既是机遇也是挑战，机遇在于国内企业能否适时抓住行业洗牌期获取优势资源，扩充自身实力，制定明确的战略目标；挑战在于这是一个"大清洗"的时代，国内企业如何避免被强势企业所吞并，如何在竞争日益激烈的 PC 市场寻求自身发展空间。

2.1 公司并购背景

联想集团在 2001 年确定了多元化的战略目标，并开始进军 IT 行业。然而，在 2002 年成功收购了汉普、中望等 IT 服务企业后，其 IT 服务部门却连年亏损。2004 年，集团决定全面收缩多元化战略，专注于 PC 业务。尽管当时联想集团已经是中国境内最大的 PC 制造商，但是随着外资 PC 企业的不断涌入，国内市场空间逐渐受到挤压。在这种情况下，开拓国际市场、实施国际化战略是联想集团的必行之策。

IBM，即国际商业机器公司，于 1914 年创立于美国，是世界上最大的信息技术和业务解决方案提供公司。截至 2000 年，IBM 拥有全球雇员 30 多万人，业务遍及 160 多个国家和地区。2000 年，IBM 全球营业收入达 880 多亿美元。从 20 世纪 90 年代开始，IBM 就转为以公司集团为主要对象提供电脑服务业务，个人电脑逐渐退出 IBM 的生产领域，PC 业务对 IBM 利润的贡献率越来越低。2003 年 IBM 的个人电脑销售总收入为 956 亿美元，毛利为 25%，净利亏损了 2.58 亿美元，2004 年上半年又亏损了 1.39 亿美元。据美国摩根士丹利估计，IBM 个人电脑业务对该公司的每股贡献率不到 10%。所以，IBM 一直都有把个人电脑业务剥离出公司的想法。与之相比，联想集团在成本方面显示了极大的优势，2003 年联想集团的销售收入达 29.7 亿美元，毛利为 15%，然而净利却达 1.35 亿美元。并且当时的 PC 市场开始以"低价"和"个人销售服务"为主题，在这些方面 IBM 难以与擅长 PC 销售的竞争者——惠普和戴尔相较量。因此，及时剥离 PC 业务部门也是 IBM 公司发展的必然选择。

2.2 PC 行业背景

进入 21 世纪，电脑市场的环境发生了很大的变化，全球经过井喷式的电脑销售增长之后，速度趋于缓慢。调查公司 Data quest 的资料显示，2001 年第二季度全球个人电脑的销量比 2000 年同时期下降了 1.9%，总数为 3040 万台，这是创立 PC 产业以来首次出现负增长。同时 PC 使用年限的增加，更减少了市场对新 PC 的实际需求。PC 总量已经到了接近衰退的边缘，整个行业的市场在 1000 万台左右的时候，可能转入衰退期，游戏规则也从"正和博弈"转变为"零和博弈"，自己失去的市场就是别人得到的市场。PC 同质时代到来了，消费者对于不同品牌的相似产品有完全相同的认同度，各种品牌之间丧失了区分度。

2.2.1　同行业竞争者

联想的主要业务来源于亚太地区，在这一地区中的主要竞争对手为欧美厂商、日韩厂商、中国台湾厂商、国内厂商。欧美厂商的主要代表有惠普、戴尔、IBM、苹果等，它们凭借自身先进的技术优势和国际性品牌的号召力占领着国内高端市场；日韩厂商的主要代表有索尼、东芝、富士通、三星、LG等，它们是欧美高端品牌的追随者，并以自身在某方面的优势，如索尼的娱乐多媒体功能、三星的外观时尚性占领着国内中高端市场；中国台湾厂商在经过价值链低端代工能力的积累之后，也推出了自有品牌，如宏碁、华硕、明基等，它们凭借出色的制造工艺、较高的性价比，在国内中低端市场影响很大；国内厂商的主要代表有方正、紫光、长城、同方等，特点是厂商众多，规模能力参差不齐，区域品牌众多，主要以价格和本地优势的渠道为武器，在中低端市场经营。

2.2.2　潜在进入者

在这一时期，PC行业增长趋缓，市场容量稳定，国内市场的新进入者主要有：一是传统家电厂商如海尔、海信、TCL，因为家电行业利润率微薄，并且它们看到了数字化、网络化趋势，希望利用自身的家电制造能力与数字化相结合，擅长广告战与价格战；二是电子部件厂商，如微星在主板中积累了能力与品牌号召力，开始向整机扩展；三是目标细分市场竞争者，如神舟电脑明确自身主攻低端市场，以低价格强势进入电脑行业。

2.2.3 替代品

电脑在互联网时代作为网络的终端，是人们获取信息和交流的工具，它突破了地域的界限，节省了人们的搜寻成本，在学习、工作、娱乐等方面改变了人们的生活模式。作为数字时代的终端产品，电脑目前尚未出现替代品。目前，有些厂商将家电与电脑相结合进行数字化整合，称为"蓝色家电"，虽然在形式上是一种新产品，但本质上还是利用了PC技术。

2.2.4 买方

国内PC市场出现同质化竞争，市场增长缓慢，面对市场上众多的电脑品牌，消费者越来越成熟，越来越挑剔，拥有了很强的讨价还价能力，并且关注点不仅限于配置、性能，对于能够增加消费者附加值的方面也有了更多关注。行业消费者对于商用电脑不仅要求性能稳定，而且还要通过加载应用解决方案来实现更出色的管理性和安全性，做到与整个IT系统、业务流程系统和办公环境无缝融合。该类消费者由于采购规模较大，在价格谈判中处于强势地位。

2.2.5 供应商

电脑行业的主要部件都是由几个大厂商控制，如提供中央处理器的英特尔、AMD，提供软件的微软、SAP，提供硬盘的富士通、希捷，提供内存的三星、

LG，提供显示器的夏普、飞利浦，它们都控制着某些关键部件的技术与生产，它们的产品质量与供货价格直接影响到整个 PC 行业的走势，所以这些寡头公司在价格上拥有绝对的话语权。

2.3 联想国际化战略的需要

推进国际化战略需要具备相关的资源与能力储备。在专业化方面，联想的技术大多是应用层面，缺乏 PC 领域的核心技术，在高端产品中难有作为；在国际化方面，联想缺乏国际化运作的能力，在国际市场上进展缓慢，联想品牌不为人知。在国内市场的实践中，联想逐渐积累的低成本控制、创造高附加值差异化、开拓市场满足潜在需求等优势难以在全球其他区域市场扩散。

联想遇到了发展中的瓶颈，以现有的资源与能力积累难以推进专业化、国际化的战略意图。困顿的联想在这时遇到了同样处于调整期的 IBM 集团。随着 PC 市场的激烈竞争，IBM 电脑的市场竞争地位逐渐降低，并且 IBM 的主业信息服务也出现了边际利润下滑的趋势。为了集中资源发展服务器、软件、信息服务，向咨询服务公司方向经营，IBM 决定出售 PC 业务部。联想决定并购 IBM 的 PC 业务基于以下三点考虑：第一，有利于推进联想专业化、国际化战略的发展；第二，联想认为虽然 IBM 个人电脑业务连年亏损，但是毛利率高达 24%，联想低成本控制的优势能够对其进行改善；第三，联想能够获得品牌、技术、渠道、客户等大量资源，并且 IBM 积累的知识能够帮助联想提升国际化经营能力。总的来看，联想并购 IBM 获得了自身缺少的具有战略价值的资源，为其国际化战略的实施创造了条件，但只有对并购后的组织进行整合，通过双方的能力转移和扩散进而融合发展出新的能力，实现对资源更加有效的配置，才能够为组织创造更多的价值。

3　并购的风险与挑战

联想并购 IBM 的 PC 事业部，当时被企业界视为"蛇吞象"的并购典型，一时引起了全球瞩目，众多专家对联想的这一战略举措进行了评论，褒贬不一，但大家普遍认为这一并购过程中的风险很大，联想管理层面临巨大的挑战。

3.1　运营风险

对于联想并购 IBM 的 PC 业务总计 17.5 亿美元的购买金额，外界评论出价较高，虽然只付出 6.5 亿美元现金，但这对于年营收仅 29.7 亿美元、净利润 1.35 亿美元的联想集团来说压力过大。因此，联想通过积极融资解决收购资金，向银行财团贷款 6 亿美元，引入 3.5 亿美元的战略投资。在融资问题解决后，最重要的是联想如何将 IBM 的 PC 事业部在短期内扭亏。IBM 的 PC 事业部 2001 年亏损 3.97 亿美元，2002 年亏损 1.71 亿美元，2003 年上升到 2.58 亿美元，2004 年上半年亏损 1.39 亿美元，较上年同期扩大 43%，联想是否有能力在短时间内改变连年亏损的局面，如果不能做到这点，必将拖累联想原先业务的盈利能力，使整个集团业绩低迷，造成连锁反应，波及联想股价，由此将面临着较大的投资市场压力。因此，在并购 IBM 的 PC 事业部后，作为一个中国本土化的公司，联想缺乏国际化的管理人才和全球性企业的管理经验，如何确保集团运营的正常进行、提高运行效率是严峻的考验。

3.2 市场风险

IBM 电脑的金字招牌在市场上拥有着较大的消费群体，当 PC 部门被一家中国的企业收购之后，推出的产品是否还会得到市场的认可，能否避免客户流失是联想需要思考的问题。IBM 的个人电脑业务每年可以创造 100 亿美元左右的销售收入，联想希望收购后能够继续保持这部分销售收入。在 2002 年，惠普收购康柏电脑时就造成了 18% 的客户资源流失。联想不仅要保留原有客户，而且需要制定新的市场战略吸引新客户购买。并购前联想的市场范围仅为亚太地区，对于识别其他区域消费倾向的能力、市场推广能力、服务能力等积累甚少，欧美市场能否认可联想品牌及其产品存在未知性。因此，如何保持住 IBM 的原有客户群，是新联想面临的最严峻的课题。如果这部分最有价值的资产流失，无法保证一定水平的市场占有率，那么就意味着此次联想收购 IBM 个人电脑业务是失败的。

3.3　文化风险

联想集团与 IBM 公司是两家文化完全不同的公司。从公司的发展角度来看，IBM 的公司历史比联想长 80 年，文化的深度自然不能相提并论。地区上的不同也造就了文化差异，联想是以亚太地区为主的公司，要接收管理 IBM 来自全球 50 多个国家的 PC 机构，只从文化差异的角度来看，也可看出其中的管理难度。另外，新联想在文化整合时也凸显了文化差异问题，到底是谁要融合谁的文化？是 IBM 将联想变成其 PC 业务部，还是联想的红色文化浸染蓝色巨人？突然间被一家发展中国家的公司收购了，对于原有的 IBM 员工的心理冲击是巨大的，如何避免员工的大规模离职，并使他们认同联想的管理模式与文化特征，对联想来说存在不小的整合难度。联想与 IBM 的文化冲突，既有美国文化（西方文化）与中国文化（东方文化）的冲突，又有联想文化与 IBM 文化的冲突。二者都具有各自成熟的企业文化体系，但二者的企业文化在不同层面上存在差异（见表 1）。因此，并购之后，联想如何对文化进行整合，将面临关键挑战。

表 1　联想和 IBM 的企业文化比较

比较项目 \ 并购双方		联想	IBM
价值观体系	核心价值观	服务客户，精准求是，诚信共享，企业创新，多元共赢	尊重个人，顾客至上，追求卓越，创新是 IBM 保持年轻的源泉，诚信负责
	公司愿景	高科技的联想、服务的联想、国际化的联想	IBM 就是服务，服务战略是 IBM 奋斗的目标，扬弃硬件市场，开拓软件市场
	企业使命	为客户利益而努力创新	无论是一小步，还是一大步，都会带动人类的进步
行为模式	领导行为	比较专制，比较层级化，员工存在"维上"的现象	比较民主，员工具有参与意识
	员工行为	员工对企业文化的认同度较高	员工对企业文化的认同度较高

3.4　财务风险

企业完成并购就要进入整合阶段，而在跨国并购中，并购整合过程可谓并购交易中最关键、风险性最大的危险期，很多企业由于不具备后期整合的经验和能力，致使其管理费用剧增，无法发挥协同效应，最终并购以失败告终。联想收购 IBM 的 PC 业务，将付出 17.5 亿美元的成本代价。其中，联想将为此支付给 IBM 至少 6.5 亿美元的现金和价值至多 6 亿美元的联想普通股。同时，还将有 5 亿美元的净负债转到联想名下。此次收购联想动用了银行借款，使其资产负债率达到 27%，虽然依然处于安全线之内，但资金链过于紧张的情况应该是属实的。联想 2004~2005 年中期年报显示，联想共有约值 31 亿元的港元现金，另外还有 30 亿元的港元银行授信额度。为了完成此次收购，除去股票外，以 6.5 亿美元现金和 5 亿美元的负债来看，联想将面临 11.5 亿美元的现金支出，可以说，为了实现这次收购，联想已经倾其所有了。因此，联想面临重大的财务问题。

3.5 税收风险

在税收层面上，海外并购的所得税涉及不同国家的税法规定。而企业并购的所得税发生的时间主要在于重组过程中，海外并购便涉及跨境重组的问题以及重组优惠等税法问题，由此会引起一系列的税收风险问题。其中，与企业战略模式、经营活动、投资决策等最为直接相关的是并购公司的税收筹划问题，主要体现在：并购公司投资架构筹划风险、融资架构筹划风险、免税重组税务筹划风险、收购累积亏损企业筹划风险等。

对于并购中存在的上述各类风险和挑战，联想也做出了充分的估计。时任联想集团总裁兼 CEO 的杨元庆说："对于这次收购，我们已经充分判断可能存在各类风险，当然这里面也包括整合能不能顺利实现。"

4 并购中的税收筹划过程

4.1 并购的基本过程

2004 年 12 月 8 日，联想集团正式宣布收购 IBM，新联想总部设在美国纽约，在北京和美国罗利设立主要运营中心。并购交易完成后，新联想以中国为主要生产基地，成为进入世界 500 强的高科技和制造企业。具体的并购过程如下：

目标企业：联想并购 IBM 的 PC 事业部，涉及 IBM 在全球范围内的台式电脑、笔记本电脑及相关业务，还包括相关客户、经销、分销及直销渠道，Think 品牌及相关专利，IBM 深圳合资公司（不含 X 系列生产线）及美国罗利和日本大和的研发中心。

支付方式：联想采用现金与股票的混合证券支付方式。联想收购 IBM 全球 PC 业务的价格为 12.5 亿美元，但实际交易价格为 17.5 亿美元，其中含现金 6.5 亿美元、股票 6 亿美元及债务 5 亿美元。

融资方式：支付的现金 6.5 亿美元中，1.5 亿美元为自有资金，属于内部融资，5 亿美元为银团贷款，属于债务融资。在股份收购上，联想以每股 2.675 港元向 IBM 发行 8.21 亿股新股及 9.216 亿股无投票权的股份，属于权益融资。

并购前后持股比例：联想集团并购前，联想控股57%，公众控股43%；并购后，联想控股42.6%，公众控股34.9%，IBM 控股22.5%。

并购后规模：联想并购 IBM 全球 PC 业务后，年销售额达到120亿美元，比并购前增长了4倍，成为世界第三大个人电脑厂商。同时，也跻身世界500强企业。

4.2 并购的税收筹划分析

基于联想并购过程的简要说明，如图1所示。在这一并购过程中，对税收筹划的分析如下：

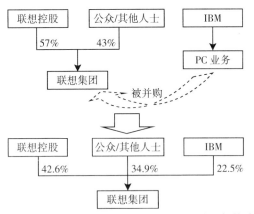

图 1 联想并购 IBM 全球 PC 业务前后的股权构成

注：IBM 所占18.9%的股份中，8.9%有投票权，其余10%是无投票权股份。

（1）按照当时现行税法规定，企业因负债而产生的利息费用可以抵减当期利润，从而减少所得税支出。因此，并购企业在进行并购所需资金的融资规划时，可以结合企业本身的财务杠杆强度，通过负债融资的方式筹集并购所需资金，提高整体负债水平，以获得更大的利息挡税效应。在此并购案中，联想集团除支付 12.5 亿美元的收购费用之外，还将 IBM 全球 PC 业务的 5 亿美元负债转入自己的账户，通过使用尚未动用的举债能力，产生税负利得，达到合理避税的目的。

（2）按照当时现行税法规定，亏损企业免缴当年所得税，在五年之内可用其税前利润补亏。盈利水平高且发展稳定的优势企业，如果并购一家亏损企业，整体的纳税地位会显著改变，通过并购，亏损企业成为并购企业合并纳税的一部分，其亏损可以抵减并购企业的应纳税所得额，并购企业还可以享受减免税的好处。如果合并纳税中出现亏损，并购企业还可以享受延缓纳税的好处。

联想宣称：1999~2003 年，其营业额从 110 亿港元增加到 231 亿港元，利润从 4.3 亿港元增长到 11 亿港元，五年内实现了翻番。相比较而言，2005 年 1 月，IBM 向美国证交会提交的文件显示，其上月（2004 年 12 月）卖给联想集团的个人电脑业务持续亏损已达三年半之久，累计亏损额近 10 亿美元。假设在收购前 IBM 公司的 PC 业务亏损额为 A 亿美元（因无法查到此项业务的具体财务报告），也就是说，通过此收购案，可以将 2005~2006 财年联想企业的税前利润额锐减近 A 亿美元，因为累计亏损额仅为 10 亿美元，可知 A 远小于 10 亿美元，所以合并后，联想并不可能成为一个亏损的企业。但是，按照 33%的企业所得税率计算，通过合并，联想的税前利润将减少 A 亿美元，所减少的应税额高达 A×33%亿美元。

（3）从出资方式来看，从税务筹划角度看首选应该是"以股票换取资产"或"以股票换取股票"的方式，但联想不是。它的这种支付方式将确保控制权不被转移。如果纯粹是以股票出资的话，那么有可能形成目标企业反收购并购企业的情况，因为联想是蛇，IBM 是象。

因此，假设 IBM 等值于联想，即假如两者规模一样，那么依据公告资料，6 亿美元的联想股票占18.9%的股份，6.5 亿美元的现金换成股票的话，就相当于 20%左右的股份。因此，若全部以股票支付，届时会是这样的结果：IBM 将持有联想集团 39.4%的股权，而联想控股所拥有的股份将减少为 25%左右，其股权结构如图 2 所示。

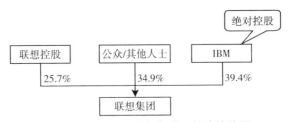

图 2 假设在股票支付条件下并购的结果

由图 2 可知，若联想集团全部以股票支付的话，联想将失去绝对控股权。如此，就不是联想并购了IBM，而是 IBM 吃掉了联想，使 PC 业务再上市。此

时，也许有人会说，那就全部采用现金支付。可是，
从联想集团的财务资料可以发现，2004年9月30日，
联想集团的现金及现金等价物结余约为31.26亿港元，
折合约4亿美元。若要联想一时拿出12.5亿美元的现
金，则相对不太现实。

所以，在综合权衡之下，联想精心设计的并购支
付计划是：由第一项约1.5亿美元现金、第二项约5
亿美元借贷、第三项发行约6亿美元的代价股份构成。
其中，第一项由内部资源提供（集团内库存现金及现
金等价物，约1.5亿美元）。对于第二项，联想集团获
得 Goldman Sachs Credit Partners L.P.承诺提供的5亿美
元的过渡贷款（为有抵押贷款，按美国基本年利率加
2%左右计息，并且需于两年内偿还）。至此，6.5亿美
元的现金算是有着落了，足以应对收购款支付。在第
三项的股份收购上，联想计划以每股2.675港元向
IBM 增发6亿元的包括8.21亿股新股和9.216亿股无
投票权的股份。联想通过现金支付避免了控股权的丢
失；通过股票支付减少了交易现金的支出，同时起到
避税的效果；通过银团贷款和私募融资得到低成本的
交易和运营资金。

由此可见，联想并购 IBM 的 PC 事业部的税收筹
划过程，可节税10亿美元（亏损额度）×33% = 3.3亿
美元（2008年前，企业所得税税率为33%）。采取"6.5
亿美元现金 + 6亿美元联想股票"的混合证券支付方

式进行并购，不仅避免了现金支付方式造成的财务风险及股票支付方式带来的反并购风险，更重要的是，这种组合方式是企业节税的最佳临界点。同时，由于联想与 IBM 是非同一控制下的并购，则应用购买法进行会计处理。采用这种会计处理方法不仅可减轻联想集团的整体税负，还可以让 IBM 加大潜在的节税作用及"税收挡板"作用。这不仅达到了战略并购目的，也很好地解决了控股权、税务、财务和营运资金短缺等风险问题。

5 并购后的发展业绩

联想在并购 IBM 的 PC 业务后，通过实施合理有效的税收筹划过程，为实现国际化发展战略提供了有效支撑，在运营能力、偿债能力、增长能力、市场规模、研发能力、人力资本等方面均取得了快速发展。

5.1 运营能力

并购后，联想对新集团的全球供应链进行整合，并提出复制交易型模式以及中国市场"黄金供应链"，以扭转其国际市场局势。供应链整合的实现，将供应商、制造商、分销商、零售商，直到最终用户等在一条链上的所有环节进行优化，使生产资料以最快的速度，通过生产、分销环节变成增值产品，到达有消费需求的消费者手中。从总资产周转率变化情况来看，联想并购后一个财年（2005~2006 财年）的总资产周转率为 2.15，之后基本维持 2.15~2.45 的总资产周转水平，仅在受 2008 年全球金融危机影响的下一财年，总资产周转率下降至 1.65，此后两个财年也在此水平上下小幅波动。从联想与戴尔和惠普的对比中发现，联想在总资产周转能力方面，与戴尔不相上下，惠普的总资产周转能力相对较弱。联想在并购前后基本保持了较高的资产管理质量和利用效率（见图 3）。

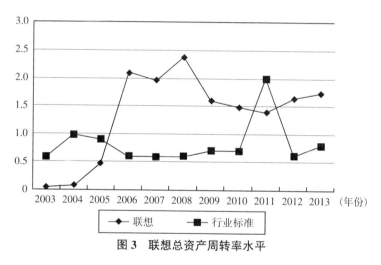

图 3　联想总资产周转率水平

5.2　偿债能力

资产负债率表明了企业资产总额中债权人提供资金所占的比重，以及企业资产对债权人权益的保障程度。一般情况下，资产负债率越小，表明企业长期偿债能力越强，国际上通常认为资产负债率等于 60%时较为适当。

联想公布的财报显示，联想并购 IBM 的 PC 事业部总代价是 15.47 亿美元，而所购入净资产的公允市值仅 2.46 亿美元，二者之间构成了 13.01 亿美元的商誉。为支付巨额商誉，联想除向巴黎银行、荷兰银行、渣打银行和工商银行共贷款 6 亿美元资金外，还引入了三家私人股权投资公司作为战略投资，获得了 3.5 亿美元，在一定程度上缓解了联想的短期财务压力。然而，并购完成后，整合 IBM 的 PC 事业部的巨额亏损和溢价支付的高额并购成本，对联想当时的偿债能力造成了极大的财务压力。联想在并购前两个财年的资产负债率分别是 45.84% 和 42.12%，表明联想在并购前有着较为稳定的偿债能力。并购后，联想的资产负债率保持在 80% 左右，联想的偿债能力不容乐观（见图 4）。

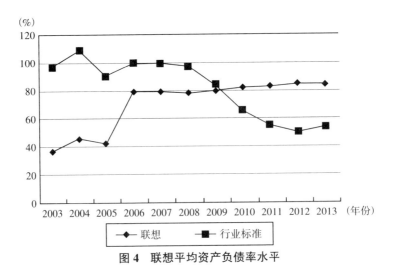

图 4 联想平均资产负债率水平

5.3 增长能力

从联想利润增长率的变化情况来看（见图 5），联想并购前后的增长指标均有较大幅度的波动（除去2005~2006财年并购 IBM 的 PC 事业部后并入的总销售收入）。并购完成后之初，联想所进行的一系列整合起到了积极的推动作用，增长指标均有大幅提升，联想整体也呈现扩张的态势。

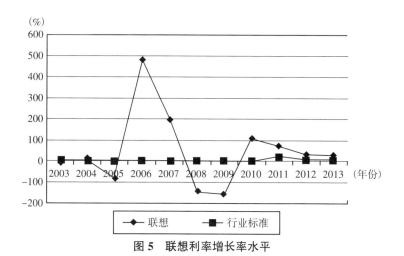

图 5　联想利率增长率水平

然而，随着 2008 年全球经济危机的到来，联想的增长指标在 2008~2009 财年出现了负增长，销售收入下降了 8.87%。随着各国政府经济刺激政策的出台，全球经济有所回暖，联想的增长指标再次大幅增长。2008 年全球经济危机后，联想的总资产和销售收入增长率均高于戴尔和惠普，在一定程度上得益于联想在供应链上进行的"双模式"创新和市场战略上的"双拳"战略。

5.4　市场规模

市场份额是衡量企业产品市场适应能力的重要指标，能够直接反映客户对于企业产品的需求。并购之前的联想只是国内 PC 市场的行业领先者，国际业务开展缓慢。通过并购 IBM 的 PC 事业部，联想并购当年以合计后 6.4% 的市场占有率位居全球第三，仅排在戴尔和惠普之后。随着并购整合的深入、发展战略的调整，联想 PC 市场占有率也在不断提升，从 2006~2007 财年的全球第五到 2008~2009 财年的全球第四，直到 2011 年的全球第二。2011 年，联想全年的 PC 出货量为 45703863 台，市场占有率达到了 13.00%。并购后，尽管联想在 PC 市场的位次有所变化，但整体的市场占有率总体呈现上升趋势，其中，2008 年的市场占有率为 7.3%，2009 年的市场占有率为 8.2%，2010 年的市场占有率为 9.7%。

与此同时，根据联想的企业社会责任报告，经过了并购整合活动以及全球经济危机的震荡，联想的客户满意度始终保持在较高水平。2008 年的客户满意度水平为 86.00%；2009 年的客户满意度水平为 90.00%；2010 年的客户满意度水平为 89.90%；2011 年 Idea 产品系列和 Think 产品系列的客户满意度水平分别为 90.5% 和 90.90%。

5.5 研发能力

研发投入是反映企业创新能力的重要指标，体现了企业学习和成长水平的变化。研发费用率常用来衡量企业在科研上的投入，以比较企业在未来产品竞争力上的强弱。研发费用率越高，代表企业越有可能在未来推出具有市场竞争力的产品。

并购后，联想在研发费用上的投入规模大幅增长，2010~2011 财年的研发投入达到 30341 万美元，较并购前一财年的研发投入增长了 5 倍。并购前，联想在国内市场的主要优势体现在营销渠道方面，而在技术研发方面相对较弱。此次并购包括对美国和日本的两个研发中心的并购，这也正是并购协议中联想极为看重的一点，希望以此提升自身的研发能力，再加上联想的北京研究院，并购后的联想在全球范围内承担着三个研发中心的研发运行，研发投入自然大幅增加。同时，联想意图通过并购业务大举进入全球 PC 市场，强有力的竞争产品对于其市场开拓极为重要，研发投入的增加成为必然。

相对于联想研发费用绝对投入的大幅增加，其研发费用与销售额的比率（简称研发费用比率）则整体呈现小幅下降趋势。2010~2011 财年，联想研发费用比率是 1.41%，而并购前一财年即 2004~2005 财年这一指标是 1.68%。一方面，新产品和技术从投入研究到产品量产进而创造经济效益需要一个相对较长的时间；另一方面，因研发投入增加带来的销售收入的增加还受其他因素的影响。

5.6 人力资本

由于知识积累、创新的主体是人，因此人的组织、激励和管理对于增加组织的积累性知识，进而对企业竞争优势的形成和维持将是至关重要的，企业并购之后对人力资源的整合也就成了整合的重要方面。

5.6.1 中西合璧的管理团队

在并购之初，考虑到联想原有管理团队缺乏国际市场的运作能力，同时为了保护组织能力，所以不但在组织结构上保持不变，而且高管人员也均没有变化，任命前 IBM 个人系统集团总经理斯蒂夫·沃德为联想集团 CEO，以其丰富的经验与人脉帮助联想进行第一阶段的稳定整合。高管团队的中方人员主要负责集团内部及原联想具有优势能力的领域。全球业务领域主要以外方为主，分别掌管全球销售、全球产品开发、全球人力资源等。

在完成第一阶段整合之后，以沃德为代表的 IBM 高层希望继续保持"高投入、高产出"的经营模式，这与联想中期的"盈利性增长战略"不符，为此联想从戴尔引进阿梅里奥作为新的 CEO，以提高联想在压缩成本、提高效率方面的能力。随后联想开始大批引入戴尔的高管分别掌管亚太区业务、供应链整合、全球服务、大客户业务等，而原 IBM 的高管却在逐渐从联想退出。联想希望戴尔管理团队的进入帮助联想解决高效供应链、降低成本、提高运营效率等难题。目前，联想形成了"联想 + IBM + 戴尔 + 空降高管"的管理团队结构，联想的高额薪酬以及充分授权的发挥空间吸引了高级管理人才的加盟，高管团队的国际化满足了联想全球运营的需要，同时带来了不同公司的经营理念与管理风格，有利于联想的学习提高，但重要的是在学习的基础上整合创新出新的联想管理模式。

5.6.2 国际化的员工队伍

并购后，人力资源整合的核心问题是如何根据不同的情况重构目标企业的员工与企业之间的心理契约（Psychological Contract）。心理契约的核心是建立员工满意度，满意度越高，心理契约越牢固，将会对企业有较深的忠诚感与依赖感，工作投入且关注企业的整体利益。

IBM 的 PC 事业部的员工研发创新能力强，是联想得到的宝贵资源。为了稳定队伍、留住人才，在并购开始阶段采取双运营中心制，在外在满意度方面，联想承诺不裁减人员和薪酬待遇三年保持不变，增加员工的外在满意度，降低组织中的不满意度。在稳定员工队伍之后，联想开始对人力资源进行整合。由于 IBM 与联想的运作模式存在较大差异，原有 IBM 员工的薪酬较高，为了配合"盈利性增长战略"和"双交易模式"的实施，联想分两次在海外市场大规模裁员，裁员虽然对员工的心理契约造成影响，但是有利于联想全球 PC 业务调整战略的实施，符合组织整体的长远利益，并使员工愈加明确企业战略发展的方向与组织承诺，最终提升员工满意度。

在人员招聘上，更加注重多元文化工作背景，加强国际化人才的储备。在培训上，将联想特有的"入模子"培训做了很多改进，加入更多国际化的要求，着重给员工提供切实有效的工作技巧和职业化培训，让"模子"更加适应公司发展需要。与此同时，联想启动了人力资源战略项目，具体推出"岗位序列""PSD培训项目""继任者计划""Knowledge Exchange 国际轮岗计划"等项目，以提升员工能力。在薪酬制度上，对国内员工的基薪和福利都有所调整与补充，而对国际员工，基薪不降，但在激励上更兼顾挑战性和可实现性。在薪酬架构上提出"P3"，即 Priority（KPI 的优先性）、Performance（绩效沟通和反馈）、Pay（报酬），根据 KPI 优先指标的达成，对员工的绩效进行反馈，然后据此支付薪酬和奖金。

6　联想海外并购的延续

在收购 IBM 的 PC 事业部后，联想并没有停止其全球化战略的推进步伐，在总结成功并购 IBM 的 PC 业务经验的基础上，特别是税收筹划、战略定位、经营模式整合等经验，在全球范围内进一步掀起了海外并购的热潮，有力地促进了联想全球化发展战略的升华。

2007 年 8 月，联想欲收购西欧荷兰 Packard Bell（PC），后被宏碁阻击收购。此次收购虽然被宏碁阻止，但也可以看出当时的联想已经让竞争对手感到了威胁，宏碁的收购是为了防止联想借此进军欧洲市场。

2008 年 12 月，联想欲收购巴西最大的 PC 厂商 Positivo，但因为经济风暴带来的不确定性，达成收购交易协议已经不可行，联想最终放弃了本次收购。

2009 年 1 月 29 日，联想收购美国公司 Switchbox，但价格未公布。联想一直热衷于在产品中采用新技术，用以吸引新用户，此次收购主要也是联想看重 Switch-box 公司的新技术。

2011 年 5 月 26 日，联想以 1.35 亿元入股中软国际，持股 5.73%。根据协议，中软国际将成为弘毅投资在信息技术领域投资的核心企业，成为其信息技术领域内投资的整合平台。

2011 年 6 月 1 日，联想集团宣布收购德国个人消费电子企业 Medion（PC），该交易总价格达到 2.31 亿欧元（约合 3.3 亿美元），此次收购将为联想拓展西欧消费类市场提供帮助。

2011 年 7 月 1 日，联想集团宣布并购日本 NEC

（PC）公司的交易正式完成。联想集团和 NEC 成立合资公司，联想集团控制合资公司 51%的股份，NEC 持有 49%，由此成功挺进日本，占据日本市场份额第一。此次并购有助于联想为日本客户提供更有力的本地支持。

2011 年 9 月 27 日，联想和仁宝电脑股份有限公司共斥资 3 亿美元成立合营公司，专为联想生产笔记本电脑及相关部件产品，创下个人电脑品牌与代工厂合资的先例。

2012 年 8 月 1 日，联想和全球信息存储及管理品、服务和解决方案厂商美国 EMC 公司创建战略合作伙伴关系，双方组建合资公司，挺进企业级市场，主推服务器、存储与 NAS 存储。

2012 年 9 月 5 日，联想以 3 亿巴西雷亚尔（合 1.47 亿美元）收购巴西最大的消费电子产品制造商 Digibras（电脑、手机、电视），此次联想收购是为了进一步拓展其在拉丁美洲的市场份额。

2012 年 9 月 18 日，联想收购美国软件技术公司 Stoneware。云计算是未来发展的主流趋势，该交易有可能进一步帮助联想增加商务 PC 市场份额，加速向利润更丰厚的业务扩张，帮助企业客户建设和维护网络。

2014 年 1 月 23 日，联想集团宣布以 23 亿美元的总价收购 IBM X86 服务器相关业务。由于个人电脑市

场的利润率整体上已经变得非常低，收购 IBM 的部分
服务器业务对联想具有非常大的战略意义。

2014 年 1 月 30 日，联想集团宣布：联想从谷歌手
中收购摩托罗拉移动智能手机业务，收购价为 29.1 亿
美元，收购完成后联想将立即支付 6.6 亿美元的现金
和 7.5 亿美元的联想普通股，余下的 15 亿美元将以三
年期本票支付。此次收购完成之后，联想将成为全球
第三大智能手机厂商，不过市场份额与三星和苹果仍
有较大的差距。

2014 年 10 月底，联想正式宣布收购摩托罗拉。收
购完成后，联想将接纳 3500 名摩托罗拉员工，拥有摩
托罗拉品牌和包括 MOTO 360 及 Nexus 6 在内的一系
列产品组合，外加其与全球各地运营商和渠道商的关
系网络。

Lenovo Group's Overseas Mergers & Acquisition Strategy and International Tax Planning

Abstract: With the continuous growth of domestic capital in companion with China's rapid economic development in recent years, more and more Chinese enterprises have ability to "go out". Large-scale overseas mergers and acquisitions from Chinese enterprises have become an important form to demonstrate the competitiveness of themselves and their country. For overseas M & A is a complex systematical project, in addition to analyze the pros and cons from strategic viewpoint and financial aspects, but also the tax issues, such as tax environment, tax burden level, tax risk and so on, involved in M & A, and their impact should be paid more attention. This case presents a series of tax issues and strategically analysis on the Lenovo Group encountered in the overseas acquisitions of PC branch of IBM, including strategic motivation of M & A, choice of financing and payment mode, tax planning design and its effect. From theoretical analysis, it will help students to understand and master the tax issues and tax risks, so as to design reasonable tax planning program.

Key Words: Overseas Mergers and Acquisition; International Tax Planning; Strategic Management

案例使用说明篇

基于税务风险的 YT 公司发展战略转型与创新

一、教学目的与用途

1. 适用对象与课程

本案例主要适用于工商管理硕士研究生的《企业税务筹划》《企业税务会计》等课程，也可适用于财务管理、会计学等本科专业学生的《成本管理会计》等课程。

2. 教学目的

本案例主要对 YT 公司基于税收风险引发的发展战略转型与创新进行全面而深入的分析，针对不同管理角色和知识结构的教学对象，预期达到以下教学目标：

（1）掌握和运用企业财会与税法知识解决实际问题。

（2）提升对复杂财税问题的分析能力和制定解决方案的能力。特别是针对经济新常态下的经营业务创新，找到合法、合理的解决思路和方法。

（3）根据国家财税政策进行合理的商业模式创新，对新生业态的税收管理风险进行预警和防范，并根据新兴行业的特点提升履行企业社会责任的经营意识和经营能力。

（4）在税收政策法规不明确时，在较好地规避税务机关的执法风险的条件下，扶持和服务新兴行业的发展与壮大。

二、启发思考题

（1）YT公司在业务发展与国家税收政策法规之间、在市场竞争与企业内部控制之间存在哪些财税风险？为什么？

（2）对照高新技术企业认定标准，YT公司究竟可以享受哪些税收减免政策？为什么？联系发展创新型经济的战略需要，高新技术企业认定标准及其税收减免政策是否需要加以不断完善？为什么？

（3）YT公司新旧业务模式的变化能否解决公司当前面临的税收困惑？为什么？YT公司应如何根据国家相关财税政策进行合理的企业税务筹划？YT公司如何根据国家在财税方面鼓励和扶持新兴产业发展的相关政策，合理地进行商业模式创新？

（4）作为一个提供电子交易平台的新兴企业，YT

公司应当如何在虚拟经营环境下既获得公司健康快速发展，又更好地承担企业社会责任？

（5）面对日新月异、层出不穷的新兴行业，税务管理人员在执行国家税收政策法规时应如何合理地鼓励和促进新兴行业的发展？

三、分析思路

教师可以根据自己的教学目标来灵活使用本案例。这里提出本案例的分析思路，仅供参考。

（1）从企业财务会计的角度，根据业务类型和业务模式思考 YT 公司在一般情况下应缴纳的各种税收（如营业税、企业所得税、个人所得税、印花税等）；再从税收征管的角度，根据 YT 公司经营业务和商业模式的特殊性，思考 YT 公司在业务发展与国家税收政策法规之间存在哪些财税风险。运用企业税务筹划、企业税务风险和成本管理会计等方面的理论，分析 YT 公司在市场竞争与企业内部控制之间存在哪些财税风险。同时，从税务机关的角度，运用国家相关税收政策法规，联系我国金融业税制改革，针对 YT 公司等新兴企业，分析我国现行税收政策法规需要在哪些方面加以完善。

（2）运用《中华人民共和国企业所得税法》《中华人民共和国企业所得税法实施条例》《高新技术企业认

定管理办法》及其附件《国家重点支持的高新技术领域》、金融业"营改增"征税方案等相关法律法规和政策，对 YT 公司的经营业务和商业模式进行综合分析，对 YT 公司是否符合高新技术企业认定标准做出判断。在此基础上，按照《高新技术企业认定管理办法》规定的程序，分析 YT 公司可以享受哪些企业税收优惠。同时从 YT 公司经营发展面临的困境，分析高新技术企业认定标准及其税收减免政策在哪些方面需要加以完善。

（3）运用企业税务筹划和企业税务风险等理论，结合我国近年来的税制改革，分析 YT 公司新业务模式是否属于国家税收鼓励和扶持的产业范围，从而分析 YT 公司新旧业务模式的变化能否解决公司当前面临的税收困惑。同时思考 YT 公司如何根据国家相关财税政策进行合理的企业税务筹划。根据我国为发展创新型经济而颁布实施的税收政策，探讨具有前瞻性的金融衍生工具税制，分析新兴产业尤其是战略性新兴产业的税收扶持政策，思考 YT 公司在现有经营业务的基础上需要对商业模式进行哪些方面的创新。

（4）分析 YT 公司新兴业务面临的发展难题，分析 YT 公司应当如何在虚拟经营环境下获得公司健康快速发展。运用企业社会责任理论和企业公民理论，联系"聚财为国，执法为民"的税收工作宗旨，思考 YT 公司在经济社会发展中扮演何种社会角色。分析 YT 公司与税务机关应当建立何种合理的社会关系。思考 YT 公司在经营发展中如何履行为国纳税的社会责任。

（5）从税务机关的角度，面对日新月异、层出不穷的新兴行业，围绕"聚财为国，执法为民"的税收工作宗旨，思考税务机关在经济社会发展中扮演何种社会角色。分析税务机关应当与企业纳税人之间建立何种合理的社会关系。在此基础上，结合我国为发展创新型经济而颁布实施的税收政策，参照金融衍生工具的发展趋势，探讨具有前瞻性的金融衍生工具税制，思考税务管理人员在执行国家税收政策法规中如何合理地鼓励和促进新兴行业的发展。

对于本案例的分析，要从基本事实开始，不断深入挖掘，最终超越一个企业、一个案例的局限，逐步上升到行业发展，进而上升到对税收与企业发展关系、税收与经济发展关系、企业发展与社会发展关系的更深层次探讨。

四、理论依据及分析

从表面上来看，本案例反映的是一个企业与税务机关就相关税收问题进行沟通、交锋的过程。但究其实质，反映的是在一个新兴行业中，由于原有税法体系和纳税模式不能完全适用新兴行业的商业模式，给企业带来了税收方面的一系列困惑和矛盾。同时，税务机关面对新兴行业的税收征管时，也不可避免地出现了这样和那样的适应性问题。因此，无论是企业还是税务机关，在解决这些问题时都要首先具备企业运营和税务管理的相关知识及理论，并具有一定的商业谈判能力，才能透彻地分析本案例，并最终解决问题。具体理论及相关税收法律法规政策如下：

1. 税收方面的法律法规与政策

本案例涉及的国家财税方面的法律法规和政策主要有：①《中华人民共和国公司法》；②《企业会计制度》；③《中华人民共和国税收征收管理法》及其细则；④《中华人民共和国营业税暂行条例》；⑤《中华人民共和国企业所得税法》；⑥《中华人民共和国个人所得税法》；⑦《中华人民共和国城市维护建设税暂行条例》；⑧《中华人民共和国印花税暂行条例》；等等。

2. 税收筹划理论

税收筹划是纳税人在法律许可的范围内，根据政府的税收政策导向，通过经营活动的事先筹划或安排进行纳税方案的优化选择，以尽可能地减轻税收负担，获得"节税"的税收利益的合法行为。由于税收筹划在客观上可以降低税收负担，因此，税收筹划又称为"节税"。从税收筹划的产生及其定义来看，税收筹划具有五个方面的主要特征：①合法性；②选择性；③筹划性；④目的性；⑤概率性。

税收筹划是一项经济价值巨大、技术层次很高的业务。通过开展税收筹划工作，政府与企业均会获得巨大的收益。对企业而言，有可能实现企业税后利润最大化；对政府而言，则有助于更好地体现政府税收法律及政策的导向功能，促进税收法律法规的完善。税收筹划应遵循八个方面的基本原则：

（1）账证完整原则。企业应纳税额要得到税务机构的认可，而认可的依据就是检查企业的账簿凭证。完整的账簿凭证是税收筹划是否合法的重要依据。如果账簿凭证不完整，甚至故意隐藏或销毁账簿凭证就有可能演变为偷税行为。因此，保证账证完整是税收筹划的最基本原则。

（2）综合衡量原则。企业税务筹划要从整体税负来考虑，同时衡量"节税"与"增收"的综合效果。税收筹划的本意在于企业在生产经营过程中把税收成本作为一项重要的成本予以考虑，而不是一味地强调降低企业税收负担，而不考虑因此所导致的企业其他成本的增加。

（3）所得归属原则。企业应对应税所得实现的时间、来源、归属种类以及所得的认定等做出适当合理的安排，以达到减轻所得税税负的目的。

（4）充分计列原则。凡税法规定可列支的费用、损失及扣除项目应充分列扣。当然，这里所谓的"充分"是指在法律所允许的限度内，而并不是说可以任意地"充分"，否则就可能演变为违法避税或者偷税。

（5）利用优惠原则。利用各种税收优惠政策和减免规定进行税收筹划，这种方式所达到的节税效果很好，而且风险很小，甚至没有什么风险。

（6）优化投资结构原则。企业投资资金来源于负债和所有者权益两部分。税法对负债的利息支出采用从税前利润中扣除的办法，而对股息支出则采用从税后利润中扣除的办法。因此，合理地组合负债和所有者权益资金在投资中的结构，可以降低企业税负，最大限度地提高投资收益。

（7）选择机构设置原则。由于纳税义务的不同，不同性质的机构税负轻重也不同。企业拟在某地投资，是设立总公司还是分公司，是母公司还是子公司，需要慎重考虑。

（8）选择经营方式原则。经营方式不同，适用的税率也不一样。因此，企业可灵活选择批发、零售、代销、自营、租赁等不同的经营方式，以降低企业税负。

以上基本原则需要在税收筹划的过程中综合考虑、综合运用，而不能只关注某一个或某几个原则，而忽略了其他原则，否则就可能在遵循某一原则的同时违反其他原则，最终很可能达不到税收筹划的最初目标。

3. 税收风险管理理论

税收风险是实现税收征管目标的障碍，是指国家在税收征管过程中，在一系列不确定性因素导致纳税人未全面遵从税法的情况下，形成税收流失的可能性，使实际税收的征收结果与税收预期之间客观上发生偏差。

税收风险管理是指以最小的税收成本代价减少税收流失的一系列程序，是税务机关运用风险管理理论，通过对不同纳税人的遵从风险进行分析识别，结合有限的征管资源，采取不同的应对策略，持续提高纳税遵从度的管理过程。

（1）税收风险的影响因素。税收风险产生的因素可以从以下三个角度加以分析：①从纳税人偏好的角度看，纳税人会比较遵从成本和不遵从成本，从而做出遵从税法还是逃税的决定。遵从成本越高，不遵从程度也越高；只有当不遵从成本高于不遵从收益时，才能对不遵从行为起到负激励、负强化作用。②从税收制度的角度看，税制和税率的不合理、收入和税负的不公平、税制的不完善容易造成纳税人不缴或少缴税款。③从税收征管的角度看，征纳双方存在征纳博弈和信息不对称问题。纳税人会利用信息优势为纳税不遵从作掩护，税务机关如果征管不严，会客观上助长逃税、骗税的风气，产生社会性税收风险。

（2）税收风险管理的内容。税收风险管理的具体内容主要包括五个方面：

1）税收风险目标规划。明确税收风险管理目标和研究制定战略规划，是税收风险管理的开始阶段。税收风险目标规划是指管理层在对外部环境和内部条件进行认真分析研究的基础上，对一定时期内税收风险管理的工作目标、阶段重点、方针策略、主要措施、实施步骤等做出的具有系统性、全局性的谋划。制定一个完整的目标规划，首先要对内外部形势做出准确的判断，明确组织目标，确定实现目标的方针策略和实施的重点步骤，以及必要的组织技术保障等。

2）税收风险的分析识别。税收风险识别就是通过运用涉税信息和风险特征库技术及相关工具方法，寻找和发现税收风险可能发生的领域、行业、纳税人及具体的税收风险发生环节，为税务机关实施风险控制和排查提供明确的指向目标的过程，是技术层面的基础环节，也是税收风险管理的核心环节。税收风险分析识别的基础是采集有关涉税信息数据，运用相关数理统计和技术方法分析识别，发现导致潜在税收流失的各种风险因素、风险表现、风险区域和风险点。

3）税收风险的等级排序。对风险发生的概率和风险损失程度进行分析、判断和评价，确定税收风险等级，进行风险等级的高低排序，并进行风险预警提示和信息发布。

4）税收风险的应对处理。风险应对是对税收风险分析预警监控发布的税收风险信息做出及时有效的应对和控制的管理环节，是税收风险管理的关键环节，对税收风险的及时有效控制起着至关重要的作用。税务机关应根据风险等级，合理配置征管资源，选择分类处置的风险应对策略，对无风险和低风险的纳税人采取优化纳税服务和纳税辅导、风险提醒等服务方式；对中等偏高风险等级的纳税人实施案头审核分析和税务约谈等方式；对高风险纳税人采取税务检查或立案稽查等方式，进行风险应对。随着税收风险等级的提高，风险应对控制逐渐由优化服务到辅导性服务，由柔性管理到监控管理，最后到刚性执法。

5）税收风险管理的绩效评价。税收风险管理的绩效评价是税收风险管理流程的最后管理阶段，是基于税收风险管理的目标，通过建立科学有效的绩效考核评价标准和机制，对税收风险管理运行过程和工作结果的质量与效率进行全面总结评价、考核激励的阶段。科学的绩效评价可以为税收风险管理效能的持续提升和优化完善提供有效激励、信息反馈和决策支持。

五、背景信息

1. 新兴行业的税收筹划

随着我国税收法律法规的不断修改、完善，税务机关的征管水平和风险控管应对能力不断提高。新兴行业中企业开拓新的市场、尝试新的经营方式和经营领域，难免引发多种税收问题。同时税务机关不断加强税收风险管理，对企业税收行为的监管力度日益加大，也频繁造成税务机关与企业针对税收问题的交锋。在这样的情况下，企业越来越重视税收筹划工作，开始将税收筹划纳入公司日常经营管理，并上升到企业经营战略的一个组成部分。其范围不仅局限于企业财务管理，而是越来越多地综合运用企业能够动用的、在法律允许范围内的各种手段进行税收筹划。另外，税务机关对企业税收筹划的态度也逐渐从旧有的防范、提防逐渐转化为理解、互动，认识到企业加强税收筹划对提升整个社会税收遵从度的积极意义。当然，税务机关今后一段时期内仍然将继续加大税收风险管理力度，以提升税收风险管理水平，较好地履行税收管理职能，保护合法纳税的企业，同时也不放过各种偷漏税行为。

2. YT 公司经营业务涉及的营业税

YT 公司交易平台下的会员单位虽然全部注册在当地，但大部分的实际经营地都散落在全国各地，居间商更是如此，其注册地都不在当地。这种松散的管理结构导致很多会员单位和居间商为了规避营业税重复征收带来的高税负，会员单位按分得的收益全额缴纳营业税后分给居间商的部分，居间商都没有缴纳营业税，会员单位也未向居间商索取发票。这其中涉及的营业税政策有：

（1）《中华人民共和国营业税暂行条例》第五条规定："纳税人的营业额为纳税人提供应税劳务、转让无形资产或者销售不动产收取的全部价款和价外费用。"

（2）《中华人民共和国营业税暂行条例实施细则》第

十三条规定："条例第五条所称价外费用，包括收取的手续费、补贴、基金、集资费、返还利润、奖励费、违约金、滞纳金、延期付款利息、赔偿金、代收款项、代垫款项、罚息及其他各种性质的价外收费，但不包括同时符合以下条件代为收取的政府性基金或者行政事业性收费：（一）由国务院或者财政部批准设立的政府性基金，由国务院或者省级人民政府及其财政、价格主管部门批准设立的行政事业性收费；（二）收取时开具省级以上财政部门印制的财政票据；（三）所收款项全额上缴财政。"

3. 现货交易模式涉及的增值税及印花税

YT 公司采用的是现货平台交易模式，是以某大宗商品作为交易标的物，其销售货物的交易行为应缴纳增值税，其购销业务应按照购销合同缴纳印花税。这其中涉及的税收政策有：

（1）《中华人民共和国增值税暂行条例》第一条规定："在中华人民共和国境内销售货物或者提供加工、修理修配劳务以及进口货物的单位和个人，为增值税的纳税人，应当依照本条例缴纳增值税。"

（2）《中华人民共和国印花税暂行条例》第一条规定："在中华人民共和国境内书立、领受本条例所列举凭证的单位和个人，都是印花税的纳税义务人（以下简称纳税人），应当按照本条例规定缴纳印花税。"第二条规定："下列凭证为应纳税凭证：（一）购销、加工承揽、建设工程承包、财产租赁、货物运输、仓储保管、借款、财产保险、技术合同或者具有合同性质的凭证；（二）产权转移书据；（三）营业账簿；（四）权利、许可证照；（五）经财政部确定征税的其他凭证。"

4. YT 公司涉及的企业所得税

根据税务机关的有关规定，企业所得税核定征收的缴纳方式一般适用于中小型账册不健全企业。目前，平台下属的部分会员单位的业绩已不符合核定征收的条件，面临被税务机关调整企业所得税征收方式的可能。这其中涉及《企业所得税核定征收办法（试行）》（国税发〔2008〕30 号）的相关税收政策有：

（1）"严格按照规定的范围和标准确定企业所得税的征收方式。不得违规扩大核定征收企业所得税范围。严禁按照行业或者企业规模大小，'一刀切'地搞企业所得税核定征收。"

（2）"按公平、公正、公开原则核定征收企业所得税。应根据纳税人的生产经营行业特点，综合考虑企业的地理位置、经营规模、收入水平、利润水平等因素，分类逐户核定应纳所得税额或者应税所得率，保证同一区域内规模相当的同类或者类似企业的所得税税负基本相当。"

（3）"做好核定征收企业所得税的服务工作。核定征收企业所得税的工作部署与安排要考虑方便纳税人，符合纳税人的实际情况，并在规定的时限内及时办结鉴定和认定工作。"

（4）"推进纳税人建账建制工作。税务机关应积极督促核定征收企业所得税的纳税人建账建制，改善经营管理，引导纳税人向查账征收方式过渡。对符合查账征收条件的纳税人，要及时调整征收方式，实行查账征收。"

（5）"加强对核定征收方式纳税人的检查工作。对实行核定征收企业所得税方式的纳税人，要加大检查力度，将汇算清缴的审核检查和日常征管检查结合起来，合理确定年度稽查面，防止纳税人有意通过核定征收方式降低税负。"

（6）实行核定征收的企业条件以及例外，具体包括："纳税人具有下列情形之一的，核定征收企业所得税：（一）依照法律、行政法规的规定可以不设置账簿的；（二）依照法律、行政法规的规定应当设置但未设置账簿的；（三）擅自销毁账簿或者拒不提供纳税资料的；（四）虽设置账簿，但账目混乱或者成本资料、收入凭证、费用凭证残缺不全，难以查账的；（五）发生纳税义务，未按照规定的期限办理纳税申报，经税务机关责令限期申报，逾期仍不申报的；（六）申报的计税依据明显偏低，又无正当理由的。特殊行业、特殊类型的纳税人和一定规模以上的纳税人不适用本办法。上述特定纳税人由国家税务总局另行明确。"

5. 佣金税前扣除比例涉及的税收政策

这其中涉及《财政部　国家税务总局关于企业手续费及佣金支出税前扣除政策的通知》（财税〔2009〕29号）中的相关政策：企业发生与生产经营有关的手续费及佣金支出，不超过以下规定计算限额以内的部分，准予扣除；超过部分，不得扣除。

（1）保险企业：财产保险企业按当年全部保费收入扣除退保金等后余额的 15%（含本数，下同）计算限额；人身保险企业按当年全部保费收入扣除退保金等后余额的 10% 计算限额。

（2）其他企业：按与具有合法经营资格的中介服务机构或个人（不含交易双方及其雇员、代理人和代表人等）所签订服务协议或合同确认的收入金额的 5% 计算限额。

6. 高新技术企业的认定条件

根据《高新技术企业认定管理办法》（国科发火〔2008〕172 号）的规定，申请高新技术企业认定需同时满足以下条件：

（1）在中国境内（不含港、澳、台地区）注册的企业，近三年内通过自主研发、受让、受赠、并购等方式，或通过五年以上的独占许可方式，对其主要产品（服务）的核心技术拥有自主知识产权。

（2）产品（服务）属于《国家重点支持的高新技术领域》规定的范围。

（3）具有大学专科以上学历的科技人员占企业当年职工总数的 30% 以上，其中研发人员占企业当年职工总数的 10% 以上。

（4）企业为获得科学技术（不包括人文、社会科学）新知识，创造性运用科学技术新知识，或实质性改进技术、产品（服务）而持续进行了研究开发活动，且近三个会计年度的研究开发费用总额占销售收入总额的比例符合如下要求：①最近一年销售收入小于 5000 万元的企业，比例不低于 6%；②最近一年销售收入在 5000 万~20000 万元的企业，比例不低于 4%；③最近一年销售收入在 20000 万元以上的企业，比例不低于 3%。其中，企业在中国境内发生的研究开发费用总额占全部研究开发费用总额的比例不低于 60%。企业注册成立时间不足三年的，按实际经营年限计算。

（5）高新技术产品（服务）收入占企业当年总收入的 60% 以上。

（6）企业研究开发组织管理水平、科技成果转化能力、自主知识产权数量、销售与总资产成长性等指标符合《高新技术企业认定管理工作指引》（另行制定）的要求。

7. 税务系统职能转变

2013 年 5 月，国家税务总局发布了《国家税务总局关于做好税务系统职能转变工作的通知》（税总发

〔2013〕56 号），提出要"推进税务系统职能转变，要以深化税务行政审批制度为突破口，继续简政放权，着力推动管理理念、管理职能、管理方式和管理作风的转变，加快建设职能科学、结构优化、廉洁高效、人民满意的服务型税务机关"。

2015 年 5 月，国家税务总局以办公厅文件的形式发布了《关于坚持依法治税更好服务经济发展的意见》（税总发〔2015〕63 号），要求各级税务部门切实增强税收服务经济发展的主动性，始终坚持依法征税，认真落实税制改革和税收政策措施，积极支持新业态和新商业模式健康发展，更好地服务经济发展大局。该意见强调，要积极支持新业态和新商业模式健康发展，主动适应经济发展新常态，不断完善新业态、新型商业模式的税收政策支持体系和管理服务措施，大力培育新经济增长点，促进大众创业、万众创新。

（1）着力优化政策环境。深入分析电子商务、"互联网+"等新业态、新型商业模式的特点，积极探索支持其发展的税收政策措施，特别是对处在起步阶段、规模不大，但发展前途广阔，有利于大众创业、万众创新的新经济形态，要严格落实好减半征收企业所得税、暂免征收增值税和营业税等税收扶持政策，坚决杜绝违规收税现象。

（2）各级税务部门 2015 年内不得专门统一组织针对某一新业态、新型商业模式的全面纳税评估和税务检查。

（3）深入研究改进管理和服务的措施。加强调查研究，认真倾听各方面的意见和建议，积极探索实施促进新业态、新型商业模式健康规范发展的管理和服务措施。

六、关键要点

1. 多角度解析本案例

以本案例的基本事实来看，要分别从企业、税务机关、第三方机构三个角度进行分析。分析者要充分考虑上述三方面的情况，然后进行综合考虑，最终形成自己对问题的基本判断。

（1）企业的角度。企业经过分析、比较和反复调研，不仅与税务机关进行了详细的沟通和讨论，同时引进了第三方会计师事务所。企业发现通过简单的财务处理难以解决现有问题，通过反复衡量，最终决定通过转变经营方式进行一次高规格、高层次的税收筹划，对交易平台进行了较大程度的调整，以居间商直接参与平台第一次利益分配取代了原有的二次分配环节，有效地避免了营业税和企业所得税重复征税及税负过高的问题。

企业面临的税收问题主要有：①营业税重复缴税；②会员单位企业所得税佣金问题；③现有企业所得税

佣金扣除比例带来公司税负畸高；④现货交易模式的增值税及印花税面临问题；⑤企业所得税征收方式调整带来了税收风险。

（2）税务机关的角度。税务机关根据信息系统自动分析发现了企业纳税疑点，因此对企业发起风险评定。企业在接到通知后也做出了有针对性的准备，主动搜集有关资料、证据，积极配合开展应对工作，并与税务机关进行了详细的沟通。

税务机关面临的主要问题有：营业税、企业所得税、个人所得税、印花税等政策中，对此类电子交易行业企业的具体征税行为并没有详细规定。如果按照对普通服务行业的征税方法操作，明显会造成企业的重复纳税和税负过高，很可能直接将该行业一棍子打死，从而违背了税收的基本属性和社会职能。

从企业和税务机关的第一轮交锋中基本可以看出，企业面临的税收问题和税务机关发现的企业税收风险疑点主要是由于相关税收政策不明确造成的。一方面，企业如果继续维持旧的经营模式不变，将可能一直面临较大的税收风险，即使自身可以避免纳税风险并将风险向客户、居间商进行转嫁，还是会造成后两者税负增加，进而造成在与同行业企业的竞争中处于不利地位，丧失大量客户，最终危及企业生存。另一方面，税务机关在税收风险管理中遇到类似税收政策不明确的情况时，处理起来也面临两难，即征税与不征税都面临较大的执法风险。因此，企业和税务机关实际上均面临困境，均无法找到最为适合的解决方法。

（3）第三方会计师事务所的角度。在本案例中，税务机关和企业大部分时间以矛盾的对立交锋身份出现。而第三方会计师事务所能够更好地从独立的角度，对企业管理和税务法规进行综合考量。一方面，可以公允地评价企业税收问题的成因以及后果；另一方面，可以给企业基于税收风险引发的未来发展战略转型与创新提出建议。在分析第三方会计师事务所在本案例中所起的作用时，一定要遵循中立原则，即事务所要在严格执行国家相关法律法规的前提下，充分履行好自身责任，客观公允地做出相关报告。

在本案例中，一开始三方就进行了充分的交互和交锋。但是，随后三方均采取了积极和建设性的态度处理问题，并且使问题最终得到了较好的解决。总而言之，税务机关对企业的税收筹划进行了积极的回应，做出了充分的税收政策解释，协助企业进行了一次成功的税收筹划行动，既帮助企业摆脱了税收困境，也最大程度地降低了税务机关的执法风险。在这一轮企业和税务机关的互动中，企业对税务机关采取了积极配合的态度，做了最大程度的资料公开。第三方会计师事务所进行了公允客观的分析，帮助企业清楚地认识到其所面临的问题；税务机关也不拘泥于管理者的姿态，对企业进行了充分的政策帮助和支持。最终在三方共同努力下解决了企业当前面临的主要问题，可以说是一次成功的税收筹划和税收风险管理行为。

2. 新兴行业的经营模式

在本案例中，作为长三角地区非标准化合约电子交易平台中的翘楚，YT 公司具有非常强的行业代表性。从某种意义上来说，YT 公司的经营模式在行业中具有较强的示范性，其他同类公司会在很大程度上效仿 YT 公司，从而形成整个行业的普遍经营模式。当遇到诸多税收问题时，YT 公司进行的广泛、深入思考是非常审慎的，最终在考虑多方面因素后进行了经营模式的调整，客观上将引起行业性经营模式的跟随性调整。这种调整综合来看是符合企业发展要求和国家相关法律规定的，客观上将带动和引领整个行业向规范化与良性化轨道转变。从本案例中，税务机关也学习到如何更好地处理新兴行业的税收问题。虽然法律法规有具体规定，但是如何处理在执行中的税收问题和政策模糊地带，却需要税务人员具备扎实的理论基础和灵活的行政手段，且具有充分的大局意识和发展的观点，切勿"一刀切"、简单化。否则，很可能会严重阻碍一个新兴行业的发展，从而带来税收上的巨大损失，最终给国家造成不可估量的损失，从而违背税收的根本原则。

3. 税收与新兴行业的关系

国家税务总局在《关于坚持依法治税更好服务经济

发展的意见》(税总发〔2015〕63 号)中明确规定,要积极支持新业态和新商业模式健康发展,主动适应经济发展新常态,不断完善新业态、新型商业模式的税收政策支持体系和管理服务措施,大力培育新经济增长点,促进大众创业、万众创新。

（1）着力优化政策环境。深入分析电子商务、"互联网+"等新业态、新型商业模式的特点,积极探索支持其发展的税收政策措施,特别是对处在起步阶段、规模不大,但发展前途广阔,有利于大众创业、万众创新的新经济形态,要严格落实好减半征收企业所得税、暂免征收增值税和营业税等税收扶持政策,坚决杜绝违规收税现象。

（2）各级税务部门 2015 年内不得专门统一组织针对某一新业态、新型商业模式的全面纳税评估和税务检查。

（3）深入研究改进管理和服务的措施。加强调查研究,认真倾听各方面的意见和建议,积极探索实施促进新业态、新型商业模式健康规范发展的管理和服务措施。

以上政策指出了一个明确的方向,就是税务管理应在政策层面和实际操作层面,对新业态和新商业模式给予一定的照顾与自由发展空间。但是我们也要清醒地认识到,这种照顾是在依法治税的大前提下,在新业态和新商业模式的发展过程中,在管理手段和管理频度上进行一定程度的放松，是松绑而不是放任不管。一方面强调税务机关对新业态和新商业模式的帮扶，另一方面归属于新业态和新商业模式的企业也要有充分的自律精神，不能从自由中寻求违法的空间。最根本的一点是要处理好税务机关和企业之间的关系，最终实现和谐共处、共谋发展的目标。

4. 税收与社会发展的根本关系

在我国，由于长期以来传统社会主义经济法学理论占据主导性地位，税收的理解主要来自马克思、恩格斯的相关阐述。如马克思指出："赋税是政府机关的经济基础，而不是其他任何东西""国家存在的经济体现就是捐税"。恩格斯指出："为了维持这种公共权力，就需要公民缴纳费用——捐税。"对税收的定义普遍认为，税收是国家（政府）公共财政最主要的收入形式和来源。税收的本质是国家为满足社会公共需要，凭借公共权力，按照法律所规定的标准和程序，参与国民收入分配，强制取得财政收入所形成的一种特殊分配关系。这个理论更多强调的是国家对企业征税的权利，以及企业依法纳税的义务。从这个理论出发，政府完全可以不顾及企业的特殊发展过程和业态，从法律平等的角度，对所有企业一视同仁，平等征税。在工业时代背景下，大部分企业都有较为明显的特征，即获得自然资源并且通过工业化生产出产品，其他企业也是紧密围绕这些企业并为之服务，如金融企业等。

整个社会中企业的创新更多是在产品层面。在这样的背景下，对各类企业公平征税并且强调企业的财政职能是合理的。

随着工业经济时代逐步向知识经济时代过渡，企业的经营模式正在发生巨大、深刻的转变。企业的创新从局限于产品创新，正在向技术、理念和经营模式创新发展，甚至有一些企业已经不能明确地表述它们在生产什么，或者提供什么服务，也许它们正在创造一种模式，提供一种平台，形成一种文化，带动一系列的企业、财富进行运转，并从中受益。从整个社会发展的角度来看，在工业化时代，更多的是企业与企业之间为了稀缺资源而竞争；在知识经济时代，资源已经上升到精神和文化层面，在这方面资源不再是稀缺的，而是可以视为无边际的自由空间，传统的经济理论已经不能充分适应形势的发展，也无法对此做出合理的解释。例如，本案例中的 YT 公司具有很强的"互联网+"的特征，它更多的是建立一个网络市场，统领一批企业从事商品交易，甚至更多的是商品交易增值业务，与传统的生产流通企业截然不同，并且其发展空间已经完全摆脱自然资源的束缚。面对这种类型的企业，如果按照固有的税收理论进行无差别的征税，那么适用于工业化时代的税收法律很可能无意间给这些新型行业的发展带来重重阻力，企业本身也可能对税收产生困惑和不解。较为典型的例子是，企业为社会创造了足额财富，缴纳了很多税收，但是仍然面临尖锐的税收问题和巨大的税收风险。因此，我们应该尝试用其他理论来分析当代的现实问题，并加以综合运用，以试图解释当代中国社会出现的诸多经济发展问题。

从政府角度来说，李克强总理早在 2011 年的相关会议上就指出，税收的主要职能在于"促进发展、调整结构、改善民生等方面"，税收方式在于"坚持依法行政，深化税制改革，继续完善结构性减税政策，切实优化纳税服务，积极创新税收征管，大力加强队伍建设"。以上内容中的重要部分就是突出"结构"和"发展"，目前突出的就是经济结构中的"新兴经济"，并充分发挥税收的调节职能，着重突出促进"发展"的概念。在这种政策下，税收更多地应体现政府服务于经济发展的理念，而不是强调税收是企业对国家应偿还的债务或者购买国家服务的代价。因此，政府和税务机关都应该适时摆脱旧有观念的束缚，用正确的观念、手段开展新经济时代的税收管理。

从企业角度来说，美国著名法学家霍姆斯指出，"税收是文明的对价"，意即企业付出的税收不仅仅是购买政府服务、保护等公共产品的代价。事实上，在相对稳定、和平的发展环境中，企业从自身利益出发，更多倾向于将公共安全服务最小化，而将其他公共管理服务最优化，并且将缴纳的税收与得到的公共服务进行比较，形成尺度，衡量自身是否已经履行了税收义务。我们所处的时代中，政府、社会、企业所共同创造的文明就是产品与服务的文明，企业在创造这种文明的过程中占有的份额越多，就应该负有更多的责任和义务。表面上，企业看似付出了更多的税收成本，但实际上是创造物质文明中的等比例部分，是整个社会物质文明进步中的重要组成部分，而整个社会物质文明的进步也将反哺企业的发展与壮大。所以从企业角度来看，当代企业应高度关注自身的社会责任和义务，以税收作为对整个物质文明贡献的重要组成部分，同时通过遵循公认的文化参与社会精神文明的发展，最终为企业发展谋求更多的空间，而不是仅仅局限在小范围内谋取蝇头小利。

5. 案例中的关键知识点

在企业方面，要充分认识到，提前做好合理的税收筹划是避免企业发生不必要的税收问题的最好方法。但是，如果因未做好事前税收筹划而造成企业非恶意的税收瑕疵或违法行为，企业一定要充分提供相关资料，并积极与税务机关风险评定人员进行充分的沟通，争取最有利于企业的处理结果，而不能采取隐瞒事实、提供虚假资料等方式，拒不配合税务机关，由此反而可能造成更大的损失。

在税务机关方面，要充分认识到，通过有针对性的税收风险管理，可以有效地发现企业日常经营中的税收疑点和问题，而后在熟练掌握各类会计、税收知识的基础上，对企业开展风险评定工作，验证风险疑点，做到应收尽收，全面堵塞征管漏洞。同时，税务机关也要加强对企业的税法宣传与解释工作，帮助企业合理做好事前税收筹划，提高企业税收遵从度和依法纳税水平。

6. 案例教学中的关键能力点

从企业角度来说，税收筹划是一门理论和实践结合性很强的学科，需要针对不同行业、不同类型的企业，以及不同的经营特点和面临的不同税收问题，进行个性化的深入研究和讨论。在分析时不能拘泥于书本，不能机械地按照某种固定模式生搬硬套。

从税务机关角度来说，企业税收筹划水平的提高有助于协调征纳关系，增强整个社会依法纳税的意识。但是，税务机关也要具备鉴别企业税收筹划行为是合理合法还是违规的避税行为的能力。从保障企业合法利益出发，建议企业委托专业第三方机构进行税收筹划工作。

此外，税务风险管理是税务机关近年来新建并重点加强的税务征管手段，具有很强的探索性和实践性，需要税务机关进行专门研究和有效实施。税务机关的税务风险管理和企业税收筹划行为不是矛盾关系，更多的是相互促进、共同提高的伙伴关系。

在实际中，企业要依靠自身力量或者第三方机构的力量做好税收筹划工作，具备规避税收风险的能力。同时，必须具备应对税务机关在日常工作中进行的税务风险管理的能力。另外，企业在与税务机关的沟通中要充分尊重、合理配合，企业财务等人员应具备较强的沟通协调能力，以避免误会和矛盾。

就税务机关而言，税务人员要具有较强的业务能力，并且事先做好数据、政策的充分准备，借鉴商业谈判的能力要求，与企业进行风险沟通和处理，最终顺利解决问题，达到双方都较为满意的效果。

七、课堂计划建议

本案例可以采取专题性启发式教学的方式，主要分为三个部分：课前准备部分、课中讨论部分和课后归纳总结部分。

本案例中的企业主要从事新兴的电子平台交易业务，其经营模式实质上是一种新型的金融衍生创新业务，经营过程中很多基于税务风险的处理还不尽规范，在税收政策的执行上尚存在很多模糊地带，而我国现行的税收政策法规对于这一部分尚未出台相应的规定，由此引发了企业对于未来的战略转型与创新的探索，进行了一系列的业务重整。因此，在本案例中行业新兴性、政策模糊性等方面都有着较多的可讨论空间，教师可以侧重在上述方面加以引导。

从教师的角度，重点是引导学员对案例进行深入讨论和进一步的延伸思考。

1．课前准备部分

（1）学员自行完成案例的阅读和理解。

（2）分组分角色进行讨论思考，建议从企业、市场以及税收三个角度分成三个组，进行深入分析。

1）企业组：企业当前发展的现状分析、涉税上存在的发展问题、亟须完善税收政策的理论支撑。

2）市场组：当前该行业的市场情况分析、存在的问题及基于税收风险引发的企业未来战略转型与创新处理、对企业发展和税政的建议。

3）税务组：对"互联网+"模式下该行业的涉税研究分析、存在的涉税问题、对企业和市场在税收上的管理建议。

2．课中讨论部分

时间控制在 80~90 分钟。

（1）分组汇报（30 分钟）：各组按事前角色合理分配，就讨论得出的主要结论交流汇报，每组时间不超过 10 分钟。

（2）讨论交流（30 分钟）：各组按角色进行提问，在讨论过程中，教师要注意围绕教学思路，结合讨论题适时地推进讨论过程，引导学生更深入地思考。

（3）总结点评（20 分钟）：讨论结束，教师要结合讨论题，有侧重地对讨论的情况，特别是学生的争论集中点进行总结和点评。

3.课后归纳总结部分

结合课前准备和课堂讨论，让学生就 YT 公司所在产业当前发展中存在的涉税问题及建议等进行归纳总结。同时，可以根据该产业目前发展中遇到的税收问题，结合我国现行税收政策法规的空白地带，给予企业合适的税收筹划。

八、案例的税务应用

随着互联网的加速发展，新型的金融衍生业务不断增多，越来越多的新兴产业已经脱离现有的税收体制，出现了很多税务管理上的遗漏空间，建议以此案例为切入点，更多地探索在现有模式下促进新业态、新型商业模式健康规范发展的税务管理和服务措施。

"谁解助茶香"：食品安全问题下周城金泉茶的有机之路

一、教学目的与用途

1. 适用对象与课程

本案例适用于 MBA/EMBA 学员或企业管理、工商管理、公共管理等专业的企业伦理、商业伦理、组织行为学等课程的教学讨论，也适用于企业管理、公共管理人员培训。

2. 教学目的

（1）通过本案例的讨论与分析，引导学生思考周城金泉有机茶逆市旺销的原因和当前茶叶质量安全问题的成因，掌握商业伦理和企业社会责任的概念，及其与中国传统儒、道、佛伦理文化的关系，认识到企业履行商业伦理和社会责任的重要性和企业—社会的双赢结果。

（2）引导学生掌握企业家精神的概念，理解王春红的企业家精神与中国传统伦理价值观的关系，理解弘扬中国传统儒、道、佛伦理价值观在解决当前的食品安全问题中的重要作用。

（3）引导学生掌握有机农业的基本原理和标准，认识到有机农业道路符合商业伦理，增进对有机产品和可持续发展理念的认同。

二、启发思考题

（1）近年来我国茶行业面临哪些挑战？当前茶叶质量安全问题的成因是什么？为什么周城金泉茶能逆市旺销？

（2）为什么王春红一定要生产有机茶？他遇到了哪些困难？他是如何克服的？如何评价金泉公司履行商业伦理或社会责任的行为？这对解决当前的茶叶质量安全问题有何启示？

（3）王春红为什么要申请有机茶认证和建立农产品质量安全追溯管理体系？他是如何满足有机茶认证要求的？他进行了哪些技术创新活动？

（4）德米特的"自然活力有机农耕"的原理是什么？王春红是如何按德米特标准改进生产过程的？

（5）如何理解文中的"茶之有道""杯中茶叶看出生和死，生在山中，死在锅中，活在杯中""厚德载道""爱勤善美、和理生活"？它们体现出王春红怎样的企业家精神？它与中国传统儒、道、佛伦理文化有何关系？

（6）如何理解文中的"食品安全问题背后是人心的问题"？在相互影响的环境里，周城金泉有机茶能独善其身吗？为什么？

三、分析思路

教师可以根据自己的教学目标（目的）来灵活使用本案例。这里提出本案例的分析思路，仅供参考。

1. 寻找当前茶叶安全危机的内在原因：是商业伦理和企业社会责任的危机，也是中国传统文化的危机

近年来，有的经营者为了实现利润最大化，不惜采取假冒欺骗、施有毒农药等不正当竞争行为，无视伦理准则，甚至违反法律法规，企业生产的产品质量不过关，引起企业与消费者之间的冲突，损害了其他诚信经营者和广大消费者的权益，企业本身也失去了公众的信任，损害了企业的社会形象，影响了企业产品的销售，结果由于茶叶质量安全原因导致茶叶滞销，茶行业萧条。

当前茶叶安全危机的内在原因是商业伦理和企业社会责任的危机。企业生产有害的产品损害消费者利益，违背了商业伦理，如"童叟无欺""己所不欲，勿施于人"。从中国传统儒、道、佛的价值观来看，违背

了儒家的仁爱、诚信观念；违背了佛家的慈悲和因果报应思想；企业生产污染水与土壤，破坏自然生态平衡，也违背了道家遵守自然规律的思想。

2. 寻找金泉有机茶逆市旺销的原因：履行商业伦理和企业社会责任

在茶叶质量安全危机下，金泉公司秉承商业伦理，勇于承担企业社会责任，致力于生产高品质的有机茶。遵循自然规律，探索以天敌治虫、施有机肥、人工防冻、人工除草，克服重重困难，杜绝环境污染，确保茶叶品质安全，满足了市场对健康茶叶产品的需要。所以在2014年以来茶行业萧条的大环境下，周城金泉茶却逆市旺销。可见，企业承担社会责任不仅为各利益相关者以及整个社会创造了价值，而且也为自身创造了价值。

3. 从中国传统文化价值观角度解读王春红的企业家精神

总经理王春红的企业家精神决定了金泉公司履行商业伦理和企业社会责任的行为，是企业核心竞争力的重要来源。王春红克服重重困难致力于生产有机茶，其企业家精神深受中国传统儒、道、佛文化的影响。儒家的仁爱、诚信、坚忍，佛家的慈悲大爱和道家的尊重自然规律等价值观在他身上都体现得很明显。

（1）王春红的儒家价值观。由于家风潜移默化的熏陶，王春红深受儒家文化影响，他崇敬孔子通过教书育人传授知识和道德，崇敬神农牺牲自己尝百草。王春红致力于生产有机茶的行为体现出他具有儒家的仁爱、奉献、诚信、坚忍、刚健有为、重视声望和责任感等价值观。

儒家的仁爱与奉献体现在：王春红想生产有机的不损害消费者健康的茶叶，用爱心与科技合理利用土地。他说："种茶就种最好的茶，对得起自己的良心""一杯茶进肚就有关生命安全""公司是大家的，不是一个人的""杯中茶叶看出生和死，生在山中，死在锅中，活在杯中""正面利他，永不放弃"。

儒家的诚信体现在：王春红不打农药，不欺骗消费者，他说："骗人一次，哪能骗人一世""专业的人做专业的事，老老实实做事"。

儒家的坚忍、刚健有为体现在：家里人都不同意王春红种白茶，人人骂他神经病，但他一旦认定就一定走到底；王春红坚持探索以虫治虫的方法，追求有机到极致；有一次五天五夜不睡地观察瓢虫卵，结果一头栽进水缸里。

儒家的重视声望、责任感体现在：王春红申请有机茶认证，改进茶叶包装，他说："人生不带来，死不带走，人真正留下的是精神""祖先为何把我们遗留下来？我们应该做些什么才对得起祖先？"

此外，王春红的座右铭"爱勤善美，和理生活"体现了儒家的仁爱、勤劳、善良、美好、和谐、理性、重视声誉等价值观。

爱：爱心万物每一天。勤：勤劳付出舍与得。
（仁爱、勤劳）

善：善良感动天地间。美：美丽过后色与彩。
（善良、美好）

和：和谐引导成正果。理：理性安排度众生。
（和谐、理性）

生：生生不息又见春。活：活在心中代代传。
（重视声誉）

（2）王春红的道家价值观。道家价值观在王春红身上也体现得很明显。中国传统道家伦理提倡"道法自然""无为而治"，即遵循自然的客观规律而不妄加干预。

道家的尊重自然规律、无为而治体现在：王春红施用有机肥，采用生物防治技术，以虫防虫，减少农药的投入，保证环境和产品安全，保护生物多样性，推进茶叶生产的可持续发展。王春红根据天敌现象和食物链，建立种养食物链闭环系统。他崇敬伏羲了解自然界，崇敬神农尝百草。他说："你害土地，土地也会害你""用爱心与科技合理利用土地"。

（3）王春红的佛家价值观。佛家价值观在王春红身上也有体现，佛家的主要思想是缘起论、因果报应，鼓励人们行善、勿恶、戒欲、生灵平等。

佛家的慈悲为怀、普度众生体现在：王春红想带动当地人致富，他说："一杯茶进肚就有关生命安全"
"人不是只为自己活，而是为大家活"。

佛家的因果报应体现在：王春红要用爱心和科技
管理土地，他说："你害土地，土地也会害你""好的
东西给出去，才会有好东西回来"。

四、理论依据及分析

1. 商业伦理理论及其与中国传统文化的关系

商业伦理研究经济活动中人与人的伦理关系及其
规律，目标是让经济活动既充满生机，又有利于人类
的全面和谐健康发展，建立合理的商业道德秩序，探
讨商业主体应该遵守的商业行为原则和规范、应当树
立的优良商业精神等商业道德问题。同时，它还将社
会上因经济利益而发生的欺骗、贿赂、偷窃、歧视等
现象做重点探索，以警示这些行为所造成的终极损害
和社会负面影响。随着我国经济的蓬勃发展，商业伦
理已成为社会讨论的焦点。

当前，许多企业家从中国传统儒、道、佛文化中
汲取思想，并运用到现代管理的商业伦理上。中国传
统文化源远流长，儒、道、佛的伦理追求总体上是积
极和向善的，它们在历朝历代的社会稳定、经济发展
和民生方面起到了重要的作用，对历代商业伦理产生
了重要影响，弘扬传统儒、道、佛文化对构建和谐的

商业伦理大有助益。

（1）儒家文化对商业伦理观念的影响。中国传统儒家伦理是中国传统文化的内核，儒家思想对中国企业经营伦理的影响最为深刻。例如，"童叟无欺"指做生意要诚信。"己所不欲，勿施于人"要求自己都不能信赖的产品，不能销售给他人。将打了农药的茶叶卖给别人，自己却不喝，这是反面案例。

儒家伦理的核心是：仁、义、礼、智、信、恕、忠。仁：仁是"爱人"，是儒家伦理体系的理论核心，是儒家伦理道德的最高理想和标准，仁的基本精神是泛爱众和博施济众；义：原指"宜"，即行为适合于"礼"，是评判人们思想行为的道德原则；礼：是儒家的伦理范畴，一直是中国传统社会的道德规范和生活准则；智：同"知"，是儒家的认识论和伦理学的基本范畴，指知道、知识、智慧等，知属于道德范畴，内容是人的行为规范知识；信：指待人处事诚实不欺、言行一致的态度，是"仁"的重要体现，是贤者必备的品德，凡在言论和行为上做到真实无妄，便能取得他人的信任；恕：指己所不欲，勿施于人，即换位思考、宽恕容人；忠：指己欲立而立人，己欲达而达人，表现为与人交往中的忠诚老实。

迈克·邦德和吉尔特·霍夫斯泰德教授采用"华人价值观调查问卷"（CVS）调查发现，儒家文化影响下华人特有的价值观维度——儒家工作动力（Confucian

Work Dynamism）包括下列价值观：坚忍、节俭、尊卑有序、知耻，以及礼尚往来、尊重传统、维护面子、稳重。儒家这些特有的价值观对传统商业伦理产生了深远的影响，形成了传统商业伦理崇尚诚信、节俭、勤奋、维护声誉、耻于为恶、尊重传统习俗、稳重等价值观。

（2）道家文化对商业伦理观念的影响。道家崇尚尊重自然规律，无为而治。道家区分了两种活动：与自然和谐的活动和反自然的活动，"无为"是避免反自然的行为，道家提倡无为而治。《道德经》有"慎终如始，则无败事"，即始终要谨慎从事，它要求企业始终不能违背经营的一般道德准则。一些茶叶企业最初并不希望通过欺骗来获得利润，但由于受到竞争成本的压力或金钱的诱惑而放弃了正直。有机茶生产符合自然规律，符合道家伦理。

（3）佛家文化对商业伦理观念的影响。佛的意思是"觉者"，佛家重视人类心灵和道德的进步与觉悟，发现生命和宇宙的真相，最终超越生死和苦，断尽一切烦恼，得到究竟解脱。佛家的主要思想是缘起论、因果报应、色即是空、空即是色，鼓励人们行善、勿恶、戒欲、生灵平等。佛家主张众生有情，慈悲为怀，经营者应有慈悲怜悯之心，要看破金钱利益，舍就是得，得就是舍。

2. 企业伦理与企业社会责任理论

企业伦理关系是企业作为主体，在与企业内外部不同利益相关主体的交往过程中形成的相互对待的关系，是企业处理与顾客、社会、环境及企业内部员工之间关系的行为规范的总和。从它所涉及的范围看，包括企业在生产、交换、销售、分配、管理和决策等一系列环节中的伦理关系；从组织与环境的关系看，包括企业内部关系和企业外部关系。企业内部关系主要指管理者与被管理者之间的关系，企业外部关系主要指企业与消费者、环境、政府、社会的关系。

企业社会责任（Corporate Social Responsibility，CSR）是企业伦理的重要内容。企业社会责任是指企业对社会所承担的责任，包括法律上的社会责任和道德上的社会责任，即企业在创造利润的同时，还要承担对员工、消费者和环境等的责任。商业伦理和企业社会责任由道德进行调节，其主要依靠自律发挥作用，是市场调节、政府调节以外的不可替代的第三种调节。

3. 企业家精神理论

企业家精神是企业家所具有的独特的个人素质、价值取向以及思维模式的抽象表达。企业家精神是企业核心竞争力的重要来源。由于企业家在企业中的独特地位，决定了企业的核心价值观必然受其影响，决定了企业的技术创新等冒险活动只能由企业家自身承担。所以商业伦理和企业社会责任决定于企业家精神。

大家公认的企业家精神有：敬业、诚信、坚持、创新、学习、合作、冒险等。

4. 有机农业与有机食品理论

（1）有机农业。有机农业是遵照一定的农业生产标准，在生产中不使用化学合成的农药、化肥、生长调节剂、饲料添加剂等物质，不采用基因工程获得的生物及其产物，遵循自然规律和生态学原理，采用有机肥满足作物营养需求的种植业，或采用有机饲料满足畜禽营养需求的养殖业。有机农业是协调种植业和养殖业的平衡，采用一系列可持续发展的农业技术以维持持续稳定的农业生产体系的一种农业生产方式。

有机农业的发展可以帮助解决现代农业带来的一系列问题，如严重的土壤侵蚀和土地质量下降，农药和化肥大量使用给环境造成污染与能源的消耗，物种多样性的减少等，还有助于提高农民收入，发展农村经济。

（2）有机食品。有机食品是目前国际上对无污染天然食品比较统一的提法。有机食品通常来自有机农业生产体系，是根据国际有机农业生产要求和相应的标准生产加工的，通过独立的有机食品认证机构认证的一切农副产品，包括粮食、蔬菜、水果、奶制品、畜禽产品、蜂蜜、水产品等。

有机食品需要符合以下标准：

1）原料来自有机农业生产体系或野生天然产品。

2）产品在整个生产加工过程中必须严格遵守有机食品的加工、包装、贮藏、运输要求。

3）生产者在有机食品的生产、流通过程中有完善的追踪体系与完整的生产、销售档案。

4）必须通过独立的有机食品认证机构的认证。

五、背景信息

1. 近年来中国茶叶产量

改革开放以来，中国茶业迅速发展，成为全球最大的茶叶生产国和第三大茶叶出口国。中国茶叶流通协会的资料显示，2014 年中国茶叶的总产量约为 195 万吨，约占全球总量的 40%。中国茶叶学会 2015 年度盘点显示，2015 年茶叶总产量达到 227.8 万吨。其中，大宗茶 128.5 万吨，产值 481.2 亿元；名优茶 99.3 万吨，产值 1038 亿元。中国有机茶农业起步于 20 世纪 90 年代，当前有机茶等已经成为中国有机产品的主要出口品种。

2. 近年来中国茶叶内销情况

2014 年以来，受经济新常态下全球经济萧条大环境和政府限制公款消费的影响，中国茶叶消费量下降。2014 年以来，茶业市场冷淡，终端消费能力明显疲软，茶叶市场供大于求，茶叶销售价格持续走低。2016 年新年伊始，在郑州唐人街茶城和汉口一品天下茶市，商户们都选择了罢市，要求业主降低租金共渡难关。

3. 近年来中国茶叶外销情况

据中国食品土畜进出口商会茶叶分会公布的 2014 年我国茶叶出口数据，2014 年我国茶叶出口 30.1 万吨，同比下降 7.5%。近年来日益提高的国外标准阻碍了国茶出口，如欧盟把农药硫丹残留的检测标准一下子提高了 3000 倍，检测项目由原来的 100 多项增加到 200 多项。而日本对茶叶农残的限制也有了明显变化，将设限农药残留由 83 种增加到 144 种。另外，随着中国人工、生产材料成本的增加，中国出口的茶叶已没有价格优势。内销不好，外销也困窘，中国茶业究竟路在何方？

六、关键要点

1. 解决当前茶叶质量安全问题的根本是：企业应认识到企业盈利目标与企业履行商业伦理和社会责任不是相互矛盾的

传统观念认为，企业的主要目标是赚钱，而伦理则是道德规范，企业的经营目标与企业社会责任没有必然联系，甚至认为企业的经营目标和经营伦理是相互矛盾的。但企业与消费者是一对矛盾的统一体，二者既对立又统一。从金泉有机茶的逆市畅销可见，企业通过承担商业伦理和社会责任可以生产更符合消费者健康需要的产品，降低退货风险与售后服务成本，增强品牌美誉度，从而创造更大的商业价值。可见，企业承担社会责任不是一种简单的利他主义，而是一种"既利他也利己"的双赢机制，与企业追求利润最大化的目标并不相悖。所以，企业必须超越把利润作为唯一目标的传统理念，强调在生产过程关注人的价值，强调对消费者、环境、社会的贡献，谋求企业发展与环境保护之间的平衡。

2. 解决当前食品安全问题的途径在于：弘扬商业伦理，发展有机农业

商业伦理和企业社会责任由道德进行调节，是市场调节、政府调节以外的第三种调节，它的作用是市场调节、政府调节和法律所替代不了的，其发挥作用的直接方式是自律。所以，弘扬中国传统商业伦理很有必要。

当前茶叶安全危机的背后是商业伦理和企业社会责任的危机，尤其是中国传统儒、道、佛文化价值观的沦丧。而有机农业由于其生产过程的健康无害、遵循自然规律而符合中国传统价值观，是解决当前食品安全危机的有效途径，也是大势所趋的必然选择。所以，弘扬中国传统商业伦理，发展有机农业，有助于解决当前食品安全危机。

七、课堂计划建议

本案例可以作为专门的案例讨论课来进行，以下是按照时间进度提供的课堂计划建议，仅供参考。

整个案例课的课堂时间控制在80~90分钟。

1. 课前计划

提出启发思考题，请学员在课前完成阅读和初步思考。

2. 课中计划

（1）简要的课堂前言，明确主题（2~5分钟）。

（2）分组讨论，告知发言要求（30分钟）。

（3）小组选出代表发言或自主发言（每组5分钟，全班30分钟内）。

（4）引导全班进一步讨论，并归纳总结（15~20分钟）。

3. 课后计划

请学员采用报告形式，从商业伦理和企业社会责任的角度提出当前茶叶质量安全问题的解决方案。

大亚人造板集团有限公司的绿色供应链管理探索之路

一、教学目的与用途

1. 适用对象与课程

本案例主要适用于供应链管理课程，也适用于生产运作管理课程。

2. 教学目的

（1）学会绿色供应链管理评估及改进的基本理论和方法。

（2）掌握清洁生产的基本标准、改进流程和关键步骤。

（3）充分理解绿色供应链管理的重要性和复杂性。

二、启发思考题

（1）大亚人造板集团有限公司（以下简称大亚公

司）目前的工艺改进和技术革新是否做到了真正意义上的绿色供应链管理？

（2）李志高如何持续深化大亚公司及其产业链的绿色供应链管理？

（3）人造板行业的绿色供应链管理有何特性？与其他行业的绿色供应链管理相比有什么不同？

三、分析思路

教师可以根据自己的教学目标（目的）来灵活使用本案例。这里提出本案例的分析思路，仅供参考。

（1）大亚公司目前的工艺改进和技术革新还停留在企业内部的清洁生产和微观层面的循环经济阶段，而真正意义上的绿色供应链管理是协同产业链上下游，实现全产业链的绿色供应链管理，达到"安全、高效、节能、降耗、减污、增效"的目的。

（2）要持续进行企业内部清洁生产与微观层面的循环经济改进，在此基础上，向产业链上下游推广清洁生产和绿色供应链管理思想及其成功经验，逐步协同产业链上下游，实现全产业链的绿色供应链管理。

（3）人造板行业绿色供应链管理的主要特性包括：①木材资源依赖特性；②木材资源约束特性；③原材料充分利用小径材和枝桠材，资源利用率高，具有资源节约和可持续特性；④工艺流程中需添加脲醛树脂、胶粘剂、固化剂等，具有一定的环境污染特性，也使得实施绿色供应链管理成为迫切的需求；⑤人造板产品具有一般木材所无法比拟的优势，如成本低廉、坚固耐用、质量稳定、防腐、防水、防火、防压、变形小等；⑥系统考量产业链的环境影响和资源效率。

四、理论依据与分析

1. 清洁生产、循环经济、低碳经济、绿色供应链管理理论的区别与联系

（1）清洁生产（Cleaner Production）是指将综合预防的环境保护策略持续应用于生产过程和产品中，以期减少对人类和环境的风险。从本质上来说，就是对生产过程与产品采取整体预防的环境策略，减少或者消除它们对人类及环境的可能危害，同时充分满足人类需要，使社会经济效益最大化的一种生产模式。清洁生产强调三个重点：清洁能源；清洁生产过程；清洁产品。清洁生产的微观措施主要包括：实施产品绿色设计；实施生产全过程控制；实施材料优化管理。清洁生产的特点包括：系统工程；重在预防和有效性；经济性良好；与企业发展相适应；废物循环利用，建立生产闭合圈；发展环保技术，搞好末端治理。清洁生产的具体措施包括：不断改进设计；使用清洁的能源和原料；采用先进的工艺技术与设备；改善管理；

综合利用；从源头削减污染，提高资源利用效率；减少或者避免生产、服务和产品使用过程中污染物的产生和排放。为贯彻《中华人民共和国环境保护法》和《中华人民共和国清洁生产促进法》，保护环境，为人造板行业（中密度纤维板）生产企业开展清洁生产提供技术支持和导向，国家环保总局制定了《清洁生产标准　人造板行业（中密度纤维板）》(编号：HJ/T315-2006)。在达到国家和地方环境标准的基础上，该标准根据当前的行业技术、装备水平和管理水平而制定，共分为三级：一级代表国际清洁生产先进水平；二级代表国内清洁生产先进水平；三级代表国内清洁生产基本水平。该标准根据清洁生产的一般要求及人造板行业（中密度纤维板）生产企业的特点，将清洁生产指标分为五类，即资源能源利用指标、产品指标、污染物产生指标（末端处理前）、废物回收利用指标和环境管理要求。该标准规定了人造板行业（中密度纤维板）生产企业的清洁生产指标，适用于人造板行业（中密度纤维板）生产企业的清洁生产审核和清洁生产潜力与机会的判断，以及清洁生产绩效评定和清洁生产绩效公告制度。《清洁生产标准　人造板行业（中密度纤维板）》(编号：HJ/T315-2006) 指标要求见附件 2。

（2）循环经济是将清洁生产和废弃物综合利用融为一体的经济，本质上是一种生态经济。早期的循环经济萌芽出现在 20 世纪 60~70 年代环境保护思想兴起的时代，正式提出这一理念的是美国学者鲍尔丁（1965），他在《地球像一艘宇宙飞船》一文中提出，人类不应将地球看作垃圾场，人类是生态系统中的一员，并在文中使用了"循环其废物"（Recycle Its Wastes）及"循环流"（Circular-flow）等词语。首先使用循环经济（Circular Economy）这一术语的是英国环境经济学家皮尔斯和图奈（1990），而现在，"循环经济"一词已被广泛提及，对其的研究也越来越深入。循环经济即物质闭环流动型经济，是指在人、自然资源和科学技术的大系统内，在资源投入、企业生产、产品消费及其废弃的全过程中，把传统的依赖资源消耗的线性增长经济转变为生态型资源循环经济，以物质闭路循环和能量梯次使用为特征，运用生态学规律来指导人类社会的经济活动，按照自然生态系统物质循环和能量流动规律重构经济系统，使经济系统和谐地纳入自然生态系统的物质循环过程中，形成一个"资源—产品—再生资源"的反馈式物质循环流程，维护自然生态平衡，实现污染的低排放甚至零排放，实现社会、经济与环境的可持续发展。循环经济的原则为3R，即减量化（Reduce）原则、再利用（Reuse）原则、资源化再循环（Recycle）原则。循环经济生产的基本特征是低开采、低消耗、低排放、高利用、高效率，具体体现为：在资源开采环节，大力提高资源综合开发和回收利用率；在资源消耗环节，大力提高资源利用效率；在废弃物产生环节，大力开展资源综合利用；在再生资源产生环节，大力回收和循环利用各种废旧资源；在社会消费环节，大力提倡绿色消费。

（3）低碳经济（Low-carbon Economy）是指在可持续发展理念的指导下，通过技术创新、制度创新、产业转型、新能源开发等多种途径，提高能源生产和使用的效率以及增加低碳或非碳燃料的生产和利用比例，尽可能地减少煤炭、石油等高碳能源消耗，积极探索碳封存（Carbon Sequestration）技术的研发和利用途径，减少温室气体排放，最终达到经济社会发展与生态环境保护双赢状态的一种经济发展模式。低碳经济的特征是以减少温室气体排放为目标，构筑以低能耗、低污染为基础的经济发展体系，包括低碳能源系统、低碳技术和低碳产业体系。低碳能源系统是指通过发展清洁能源，包括风能、太阳能、核能、地热能和生物质能等替代煤、石油等化石能源以减少二氧化碳排放。低碳技术包括清洁煤技术（IGCC）和二氧化碳捕捉及储存技术（CCS）等。低碳产业体系包括火电减排、新能源汽车、节能建筑、工业节能与减排、循环经济、资源回收、环保设备、节能材料等。低碳经济的起点是统计碳源和碳足迹。

（4）绿色供应链管理是一种更为全面和系统的综合考虑环境影响与资源效率的供应链运营管理模式。绿色供应链的概念最早由美国密歇根州立大学的制造研究协会在 1996 年进行的一项名为"环境负责制造"（ERM）的研究中首次提出，又称环境意识供应链（Environmentally Conscious Supply Chain，ECSC）。绿色供应链管理（Green Supply Chain Management，GSCM）是一种在整个供应链中综合考虑环境影响和资源效率的现代管理模式，它以绿色制造理论和供应链管理技术为基础，涉及供应商、生产商、销售商和终端用户，其目的是使产品从物料获取、加工、包装、仓储、运输、使用到报废处理的整个过程中，对环境的负面影响最小，资源效率最高。绿色供应链管理具有如下特征：充分考虑资源能源的充分利用及其环境影响；强调供应链上下游之间的数据共享；重视资源循环利用与闭环运作；体现并行工程和产品全生命周期的思想；充分应用现代计算机技术、通信技术和网络技术。绿色供应链管理涵盖了从产品设计到最终回收的全过程，具体包括：绿色设计；绿色材料；绿色供应过程；绿色生产；绿色销售、包装、运输和使用；废弃产品回收利用、循环再利用和报废处理。有学者提出绿色供应链管理的绿色度概念，用于评价绿色供应链管理的效果。所谓绿色供应链管理的绿色度，即以相关的环境标准和法规为基准，对供应链运营管理的环境影响程度进行量化形成的对环境的友好程度，负面环境影响越大则绿色度越小，反之则越大。绿色供应链管理的绿色度评价体系具体包括：绿色设计评价（主要是对标准化设计、模块化设计、可拆卸设计和可回收设计进行评价）；绿色材料评价（主要是对绿色材料的加工属性、环境属性和经济性进行评价）；绿色供应过程评价（主要是对供应商和物流进行评价）；绿色制造评价（主要是对工艺设计、资源、生产设备、宜人性和环境保护进行评价）；绿色流通过程评价（主要是对销售、包装、运输和使用进行评价）；废弃产品回收利用评价（主要是对回收利用、循环再利用和废弃物处理进行评价）。绿色供应链管理的实现途径包括：强化企业内部管理；强化供应商的环境管理；增强用户的环境消费意识；加强管理部门的环境执法。

（5）清洁生产与循环经济。循环经济是在可持续发展思想的指导下，按照清洁生产的方式，将清洁生产和废弃物综合利用融为一体的经济，本质上是一种生态经济。清洁生产是循环经济的基石，循环经济是清洁生产的扩展。在理念上，它们有共同的时代背景和理论基础；在实践中，它们有相通的实施途径，应相互结合。

清洁生产与循环经济的共同点在于：①基于相同的时代要求。工业社会由于以指数增长方式无情地剥夺自然，已经造成全球环境恶化，资源日趋耗竭。在可持续发展战略思想的指导下，1989 年联合国环境规划署制定了《清洁生产计划》，在全世界推行清洁生产。1996 年德国颁布了《循环经济与废物管理法》，提倡在资源循环利用的基础上发展经济。二者都是为了协调经济发展和环境资源之间的矛盾而形成的。在我国，人口趋向高峰、耕地减少、用水紧张、粮食缺口增大、能源短缺、大气污染加剧、矿产资源不足等不可持续因素造成的压力将进一步增加，其中有些因素将逼近极限值。面对名副其实的生存威胁，推行清洁生产和循环经济是唯一的选择。②以工业生态学作为理论基础。工业生态学为经济—生态的一体化提供了思路和工具，循环经济和清洁生产同属于工业生态学大框架中的主要组成部分。工业生态学以生态学的理论观点研究工业活动与生态环境的相互关系，考察人类社会从取自环境到返回环境的物质转化全过程，探索实现工业生态化的途径。经济系统不仅受社会规律的支配，更要受自然生态规律的制约。为了谋求社会和自然的和谐共存、技术圈和生物圈的兼容，唯一的解决途径就是使经济活动在一定程度上仿效生态系统的结构原则和运行规律，最终实现经济的生态化，亦即构建生态经济。③有共同的目标和实现途径。虽然清洁生产在产生初始时着重的是预防污染，但在其内涵中除了实现不同层次的物料再循环外，还包括减少有毒有害原材料的使用，削减废料及污染物的生成和排放以及节约能源、能源脱碳等要求，与循环经济主要着眼于实现自然资源，特别是不可再生资源的再循环的目标是完全一致的。从实现途径来看，循环经济和清洁生产也有很多相通之处。清洁生产的实现途径可以归纳为两大类，即源削减和再循环，包括：减少资源和能源的消耗，重复使用原料、中间产品和产品，对物料和产品进行再循环，尽可能利用可再生资源，采用对环境无害的替代技术等，循环经济的"3R"原则就源于此。④使污染末端治理转变为全过程控制。清洁生产和循环经济从经济活动的源头节约资源和降低污染，并在产品制造、消费、回收等各个环节最大限度地减少污染物的排放，从以往单纯地依靠污染的末端治理转向污染的全过程控制，不但减少了污染物的产生量，有助于恢复环境的自净能力，恢复生态平衡，而且减少了治理污染的费用，可以从根本上缓解长期以来环境与发展之间的冲突，实现经济发展、社会进步和环境保护的"共赢"。

清洁生产与循环经济也存在一些区别：①目标不同。清洁生产的目标是预防污染，并在使用相等量的资源消耗的基础上生产更多的产品。循环经济的目标在于在经济过程中系统地避免和减少废物，资源的利用和循环都应建立在对经济过程充分削减资源的基础上。②实施层次不同。清洁生产属于微观层面，而循环经济更偏向宏观层面。一个产品、一个企业都可以搞清洁生产，但循环经济的覆盖面大得多，是高层次的东西。在企业层次实施清洁生产就是小范围内的循环经济，或者可以说清洁生产其实就是狭义的循环经济、微观层面的循环经济。一个产品、一台装置、一条生产线都可采用清洁生产的方案，在园区、行业或城市的层次上，同样可以实施清洁生产。推行循环经济由于覆盖的范围较大，链接的部门较广，涉及的因素较多，见效的周期较长，需要多个部门共同筹备、组织和实施。③清洁生产是循环经济的基石。就实际运作而言，在推行循环经济的过程中，需要解决一系列技术问题，清洁生产为此提供了必要的技术基础。更重要的是，推行循环经济在技术上的前提是产品的生态设计，没有产品的生态设计，循环经济只能是一个口号，而无法变成现实。

（6）低碳经济与循环经济。低碳经济与循环经济的共同点在于：①从发展背景上说，循环经济与低碳经济具有相似性。循环经济与低碳经济都是在人类社会经济发展陷入资源危机、环境危机、生存危机的背景下，深刻反省自身发展模式，不断对其重新认识和总结的产物。②从根本目标上说，二者都是为了促进经济发展方式转变。低碳经济主要依靠减少煤炭、石油等化石能源的消耗，减少二氧化碳的排放，促进形成低碳的经济结构，实质是通过提高能源利用效率和开发使用清洁新能源，实施一场能源革命，建立一种较少排放温室气体的经济发展模式来应对气候变化，促进人类社会的可持续发展。循环经济主要依靠资源减量化、再循环、再利用，降低环境末端治理的成本，从而实现经济发展方式的转变。循环经济运用生态学规律和经济规律指导人类社会的生活方式，不仅要求转变传统的经济增长方式，也要求变革传统的生产与消费方式，以提高资源的利用效率、保护环境和发展经济为目标。③从发展要求上说，二者都应贯穿于经济发展的全过程。发展低碳经济要求在生产环节消耗更少的碳能源，多使用清洁的替代能源以维持生产的能量供应，形成低碳的经济结构；在消费环节减少直接或间接的化石能源消耗，代之以太阳能、风能、水能等清洁能源，形成低碳的消费模式，进而实现全过程的低碳目标。发展循环经济要求在生产环节实现资源减量化，并对生产过程中形成的废弃物实现再利用；在消费环节实现产品废弃物的回收和再利用，进而实现全过程的低耗、低排目标。④从基本保障上说，二者都以技术创新为支撑，以制度创新为保障。技术的进步和重大突破是推进这两种经济发展的强大动力。同时，两者的推广运用都涉及生产、消费领域的体制和机制问题，都需要市场机制、法律制度等作为保障其运行的"软件"，都需要推进相关领域的体制和机制创新。⑤从技术层面上看，循环经济与低碳经济都依赖于提高资源与能源利用效率、实现清洁生产的生态化技术，这是两者发展的必备"硬件"。这些技术"硬件"包括煤的清洁高效利用技术、可再生能源的勘探开发技术、废弃物处理技术、有效控制废弃物（包括温室气体）排放的技术以及对现有能源技术、资源利用技术改造等方面的新技术。在生产、生活、消费、发展等多个环节，循环经济与低碳经济皆指向共同的价值观念，即尊重自然，做到人与自然和谐共存及可持续发展。低碳经济和循环经济异曲同工、殊途同归，都属于资源节约型和环境友好型经济，两者的根本宗旨是一致的，都是通过制度、政策措施的制定和创新以及科学技术的进步，推动高投入、高消耗、高排放、低效益的经济发展方式向低投入、低消耗、低排放、高效益的经济发展方式转变。

低碳经济与循环经济的区别主要在于：①提出背景不同。发展低碳经济主要是为了减少温室气体排放、保护全球气候，发展循环经济主要是为了有效应对因经济高速发展而引发的全球资源环境问题。②关注重点不同。低碳经济关注于能源领域，核心是提高可再生能源的比重、减少温室气体排放，力求减缓温室效应和气候恶化，强调经济发展与气候变化的双赢，强调"地球是我们的唯一家园，保护全球环境是人类的共同责任"，统计指标是碳生产率（单位二氧化碳的GDP产出水平）。发展循环经济的核心是资源的循环利用和高效利用，以尽可能少的资源耗费和尽可能小的环境代价实现经济效益、社会效益和环境效益的最大化，理念是物尽其用、变废为宝、化害为利，目的是提高资源的利用效率和综合效益，统计指标是资源生产率。③推动力不同。循环经济侧重于整个社会的物质循环利用，在生产、消费、流通的全过程中倡导节约和充分利用资源，通过物质的循环利用使投入成本降低，为进行循环经济活动的个体带来直接的经济效益，使循环经济具有推动其自身不断发展的内生力量。而就低碳经济来说，控制温室气体排放既非生产过程的一个环节，更非生产成本的组成部分，市场本身既无法产生低碳技术的需要，也无法直接反映低碳技术的应用。伴随着化石能源的即将枯竭，可再生能源及能效技术等低碳技术的市场需求已被全面激发，但是其传导机制仍有待进一步完善，低碳市场的正常运作需要国家强制力的介入才能实现，即国家强制力是实现低碳经济的重要保证。④定位不同。发展低碳经济致力于提高能源效率，开发利用清洁能源。循环经济强调源头控制，致力于减少资源消耗和废物产生（减量化）、废物的重新利用（再利用）和将废物直接作为原料进行利用或再生利用（资源化），从资源的开采及生产领域着手，减少资源投入，提高资源利用效率，节能减排。

（7）循环经济与绿色供应链管理。循环经济与绿色供应链管理的共同之处如下：①具有相似的提出背景与目的。随着人们对供应链管理研究的不断深入和对环境的日益关注，实现经济和环境双赢的可持续发展战略目标，综合考虑制造业供应链中的环境影响和资源优化利用，成为越来越迫切的需求。循环经济和绿色供应链管理的产生都是基于人类对环境、生态和能源有效利用的日益关注，其目的是实现资源的优化利用和解决环境问题。②均以可持续发展思想和生态经济学为理论支撑。循环经济是一种可持续的经济发展模式，要求运用生态学规律来使用自然资源和考虑环境容量，实现经济活动的生态化和绿色化。其资源流动方式是"资源—产品—废弃物—再生资源"，表现为经济增长、资源利用效率提高、污染物排放减少。绿色供应链将"绿色"和"循环意识"理念融入供应链，以生态学为基础，以经济学的一般原理为指导，对供应链中的经济行为、经济关系和经济规律，以及它们与生态系统之间的相互关系进行研究，使得供应链整体对资源和环境的负面影响最小，以谋求生态平衡、经济合理、技术先进的条件下生态与经济的最佳结合以及协调。

循环经济与绿色供应链管理的区别主要在于：①循环经济的研究范畴大于绿色供应链管理的研究范畴。绿色供应链管理研究的范畴主要是经济活动的微观层面。循环经济则涉及经济、社会、生态三个方面的和谐统一，追求的是人地和谐、共同发展的观念，其研究的范畴不仅包括企业或部门层次上的问题，还涉及生态工业园区和社会层面上的各类问题。可见，循环经济的研究范畴要比绿色供应链管理的研究范畴大得多。②绿色供应链管理是实现循环经济的微观基础。循环经济要求人类在生产和消费的所有领域都能做到物尽其用，不给环境造成危害。绿色供应链管理在微观层面要求企业在纵向上延长生产链条，范围从制造产品延伸到废旧产品的处理和再生；在横向上拓宽技术体系，将生产过程中产生的废弃物进行回收利用和无害处理。在宏观层面上，要求整个社会技术体系实现网络化，使资源实现跨产业循环利用，对废弃物进行综合无害化处理。由此可见，绿色供应链管理是实现循环经济的微观基础。

总之，清洁生产和绿色供应链管理偏重于微观层面，而循环经济和低碳经济偏重于宏观层面。清洁生产是实现绿色供应链管理的必由之路，绿色供应链管理也是清洁生产在产业链上下游的拓展和提升。清洁生产和绿色供应链管理是实现循环经济与低碳经济发展模式的微观基础和重要手段。

2. 实现全产业链的绿色供应链管理

要从企业内部的清洁生产和循环经济做起，形成持续长效机制，固化已有成果；在此基础上，向产业链上下游推广清洁生产和绿色供应链管理思想及其成功经验，逐步协同产业链上下游，实现全产业链的绿色供应链管理。人造板绿色供应链管理体系具体包括：人造板绿色供应链系统设计（包括标准化设计、模块化设计、可拆卸设计和可回收设计）；选用枝桠材、小径材等绿色材料（考虑绿色材料的加工属性、环境属性和经济性）；枝桠材、胶粘剂等原材料的绿色供应过程（考虑枝桠材、胶粘剂供应和物流）；人造板清洁生产与绿色制造（包括资源能源消耗、产品合格率和甲醛释放量、作业环境宜人性、"三废"资源利用率、工艺流程优化与改进、生产设备改进优化与维护检修、突发事件的应急管理等）；人造板绿色包装、绿色运输、绿色装卸、绿色搬运、绿色仓储与绿色配送；人造板产品绿色销售、加工、安装和使用；人造板废弃产品回收利用、循环再利用和报废处理；人造板绿色供应链管理绩效评价及反馈调整机制构建。人造板产业绿色供应链管理的实现途径大体包括：强化人造板生产企业内部的资源能源消耗和环境影响评估与管理；强化上游枝桠材供应商和下游复合地板、木门衣柜等制造商的资源能源消耗和环境影响评估与管理；增强人造板用户的环境消费意识；强化人造板供应链上下游物流和仓储运营中的资源能源消耗和环境影响评估与管理；运用计算机和网络通信技术构建人造板供应链上下游信息共享与沟通协调机制；加强管理部门的环境执法；等等。

五、背景信息

在全球气候变化的大背景下，世界各国开始寻求经济增长模式的全面转变，走节约型的可持续发展道路，大力提倡低碳经济、循环经济理念，大力发展清洁生产与制造、绿色供应链运营管理。人造板的制造和利用有着成本低廉、用之不竭、环保经济、坚固耐用等无可比拟的显著竞争优势，已经成为家居、地板、橱柜、包装等领域必备的基础材料。

人造板（Wood Based Panel）是以森林三剩物（采伐、造材、加工过程中的剩余物，包括枝桠材、小径材等）或其他非木材植物（农作物秸秆、蔗渣等）为原料，经一定机械加工分离成各种单元材料后，施加或不施加胶粘剂和其他添加剂胶合而成的板材或模压制品。主要包括胶合板、刨花板和纤维板三大类产品，其延伸产品和深加工产品达上百种。人造板的生产和使用大大提高了木材资源的综合利用率，1立方米人造板可代替3~5立方米原木使用，节约了大量的原木，减少了对森林的砍伐，契合了低碳经济和循环经济的理念。

根据2010年的相关数据，中国的人造板企业近10000家，产能达到了1.54亿立方米，年产值超过了4000亿元，是世界上人造板生产、消费、进口贸易的第一大国。全国除了西藏、青海以外，各省份都有人造板企业。中国的人造板快速发展，促进了人工林的发展。与"十五"相比，"十一五"的人造板产量增长了1.45倍。随着人造板产量的增长，人工林的面积和森林覆盖率也随之增长。据相关数据，现在中国森林面积每年增加 6000 万亩，森林蓄积量每年增长 5.7 亿立方米，每年消耗 3.7 亿立方米。我国的森林资源在全球只有 4.7%，但生产出的人造板占全球总产量的 47%，做出了巨大的贡献。同时人造板行业在收取枝桠材时，也为当地经济做出了贡献。相关数据显示，2010 年人造板行业为地方经济创收 400 多亿元，创造了 5000 多万个就业机会，实现了农民增收、企业增效、财政增收。由于人造板行业及其上下游产业的发展，原来 500 元/吨的枝桠材，经过加工，生产出人造板及相关产品后，产值将提高 40 倍，大大活跃了区域经济。

2012 年，在欧美经济疲弱、国内房地产调控以及要素成本不断上涨等多重因素影响下，中国人造板行业遭遇严峻挑战。根据中商情报网的相关报告数据，2010 年，中国人造板制造行业规模以上企业约有 9243 家，其中亏损企业 1229 家；2011 年，人造板企业减少至 7611 家，亏损企业 845 家；2012 年，人造板企业进一步减少至 4530 家，亏损企业 306 家。相关报告数据显示，2012 年第三季度，中国小型、中型和大型人造板制造企业销售收入分别占 75.85%、18.43% 和 5.72%，可见，小型人造板企业在市场中占据了很大比例。中商情报网的相关报告数据显示，2012 年，中国人造板产能已经达到了 2.86 亿立方米，同比增长

19.72%。从各省市的产量来看，2012 年 1~12 月，山东省人造板的产量达 5594.93 万立方米，同比增长 26.28%，占全国总产量的 19.58%，其后是湖北省、江苏省和河南省，分别占总产量的 14.93%、14.02% 和 8.98%。可见，人造板产能增速极快。相比于人造板产能的高速增长，下游相关加工产品需求增长速度却相对缓慢，上下游行业的增长极不匹配。在人造板产能释放过快、市场销售增幅收窄和下游加工产品出口低迷的情况下，国内人造板行业已经形成了严重的产能过剩，进而导致工厂库存不断增大，尤其是木材原料短缺，原辅材料价格上涨，物流、人工和资金等生产要素成本增加，导致很多企业效益下滑，个别企业被迫停产。

六、关键要点

案例分析和教学中的关键要点包括：

（1）人造板产业具有木材资源依赖、约束特性及环境污染特性，清洁生产、循环经济和绿色供应链管理成为人造板产业发展的迫切需求。大亚公司目前的工艺改进和技术革新处于企业内部的清洁生产与循环经济阶段，若在此基础上固化已有成果，并向产业链上下游推广清洁生产思想及其成功经验，协同产业链上下游开展清洁生产管理改进，则有望逐步实现人造板全产业链的绿色供应链管理。

（2）充分理解和掌握人造板产业清洁生产与绿色供应链管理的基本理论、方法和技术体系，并掌握其区别和联系。清洁生产是人造板绿色供应链管理的初级阶段和必由之路，人造板绿色供应链管理是清洁生产理念在全产业链的拓展和延伸。清洁生产体现产业链局部节点的经济、社会、资源与环境效益协同优化思想，而绿色供应链管理体现产业链全局的经济、社会、资源与环境效益协同优化思想，系统考量全产业链的环境影响和资源效率。

七、课堂计划建议

本案例可以作为专门的案例讨论课来进行，建议采用集中引导、分组讨论、观点分享与参观实践相结合的多元化教学模式。以下是按照时间进度提供的课堂计划建议，仅供参考。

整个案例课的课堂时间控制在80~90分钟。

1. 课前计划

提出启发思考题，请学员在课前完成案例阅读和初步思考。

2. 课中计划

集中引导环节，简要介绍案例背景，明确案例主题（2~5分钟）；分组讨论环节，让学员自主分成若干个小组，每组 3~5 人，围绕案例中的现象和问题进行深入讨论（30 分钟），并告知发言要求；观点分享环节，每个小组派出一名代表，总结小组的主要观点，并在课堂上公开分享和互动，进行观点的碰撞（每组 5 分钟，控制在 30 分钟内），进而引导全班进一步讨论；授课教师给予相应的解释和指导，并给出客观的点评和总结（15~20 分钟）。

3. 课后计划

参观实践环节，选取几家人造板企业进行参观调研，了解生产实践中的绿色供应链管理，对比验证相关理论；如有必要，请学员采用报告形式给出更加具体的解决方案。

八、案例的后续进展

大亚人造板集团有限公司目前正积极推行持续清洁生产计划，巩固已有成果，并积极向产业链上下游企业和其他分公司推广成功经验，进一步深化人造板全产业链的绿色供应链管理改进。

九、相关附件

本案例包含如下附件：①大亚公司中/高密度纤维板生产工艺流程；②人造板行业（中密度纤维板）清

洁生产标准（HJ/T315-2006）指标要求。

1. 大亚公司中/高密度纤维板生产工艺流程

大亚公司中/高密度纤维板的具体生产工艺流程如下：选用松木、杨木的小径材或枝桠材，用翻转剥皮的方法将原木表皮剥除，并把树皮、土沙分选出来；将剥皮后的原木切削成符合中纤板需要的合格木片；木片筛配备了三层筛板，以便更好地分选出合格的木片，合格木片进入水洗机，过大木片进入再碎机，然后再次进入木片筛，过小片回收，输送至燃烧系统；然后对合格的木片进行预蒸煮和蒸煮；把蒸煮好的木片热磨成中纤板所需的合格纤维，纤维的粗细直接影响到板子的外观质量；在干燥前的纤维中添加胶、固化剂、石蜡、甲醛捕捉剂等多种原料，提高中纤板的综合质量；通过干燥工艺把纤维中的水分去除，保证纤维的含水率在规定范围内；然后对干燥后的纤维进行旋风分离；通过筛分工艺，把干燥后的合格纤维风选出来，输送至纤维仓，不合格纤维及杂质排出系统；把合格纤维根据生产工艺铺装成一定的厚度，使板坯厚度均匀；把铺装后的板坯进行一次预压，使板坯中的空气排出，保证板子的内在质量；预压后的板坯进入热压机，经加热、连续平压一定时间形成合格的中纤板；对中纤板进行斜切、堆垛；素板存放 24~48 小时，进而对素板进行调质；通过砂光工艺，砂去素板的预固化层，把成品板控制在标准的厚度公差内，达到理想的表面光洁度；根据客户要求，把砂光后的板锯切成所需规格；把成品分等和包装。图 1 为大亚公司中/高密度纤维板生产工艺流程。

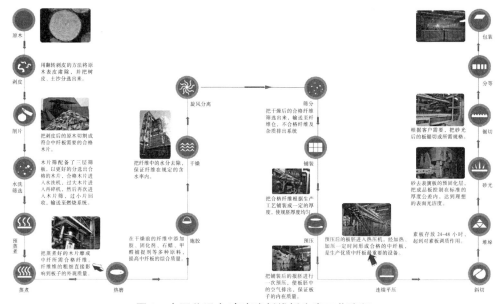

图 1　大亚公司中/高密度纤维板生产工艺流程

2. 人造板行业（中密度纤维板）清洁生产标准（HJ/T315-2006）指标要求

为贯彻《中华人民共和国环境保护法》和《中华人民共和国清洁生产促进法》，保护环境，为人造板行业（中密度纤维板）生产企业开展清洁生产提供技术支持和导向，国家环保总局制定了《清洁生产标准　人造板行业（中密度纤维板）》（编号：HJ/T315-2006）。在达到国家和地方环境标准的基础上，该标准根据当前的行业技术、装备水平和管理水平而制定，共分为三级：一级代表国际清洁生产先进水平；二级代表国内清洁生产先进水平；三级代表国内清洁生产基本水平。该标准根据清洁生产的一般要求及人造板行业（中密度纤维板）生产企业的特点，将清洁生产指标分为五类，即资源能源利用指标、产品指标、污染物产生指标（末端处理前）、废物回收利用指标和环境管理要求。该标准规定了人造板行业（中密度纤维板）生产企业的清洁生产指标，适用于人造板行业（中密度纤维板）生产企业的清洁生产审核和清洁生产潜力与机会的判断，以及清洁生产绩效评定和清洁生产绩效公告制度。表1为人造板行业（中密度纤维板）清洁生产标准指标要求。

表1　人造板行业（中密度纤维板）清洁生产标准指标要求

清洁生产指标等级	一级	二级	三级
一、资源能源利用指标			
1. 绝干木材量（kg/m³）	≤820	≤900	≤940
2. 综合能耗（标准煤）（kg/m³）	南方≤170 北方≤200	南方≤310 北方≤390	南方≤340 北方≤440
二、产品指标			
1. 产品质量合格率（%）	≥98	≥97	≥95
2. 甲醛释放量（mg/100g）	≤5	≤9	≤15
三、污染物产生指标（末端处理前）			
1. 作业环境空气中甲醛质量浓度（mg/m³）	≤0.3		≤0.5
2. 作业环境空气中木粉尘质量浓度（mg/m³）	≤2		≤3
3. 作业环境噪声（dB（A））	按 GBZ 2 中有关噪声的规定执行		
四、废物回收利用指标			
1. 废水综合利用率（%）	100		
2. 工艺废渣综合利用率（%）	100		

续表

清洁生产指标等级		一级	二级	三级
五、环境管理要求				
1. 环境法律法规标准		符合国家和地方有关环境的法律、法规，污染物排放达到国家和地方排放标准、总量控制和排污许可证管理要求		
2. 环境审核		按照国家环境保护总局《清洁生产审核暂行办法》的要求进行了清洁生产审核，并全部实施了无/低费用方案，按照 GB/T24001 建立并运行了环境管理体系，环境管理手册、程序文件及作业文件齐备	按照国家环境保护总局《清洁生产审核暂行办法》的要求进行了清洁生产审核；环境管理制度健全，原始记录及统计数据齐全有效	按照国家环境保护总局《清洁生产审核暂行办法》的要求进行了清洁生产审核；环境管理制度健全，原始记录及统计数据基本齐全
3. 固体废物处理处置		对一般废物进行妥善处理；对生产和化验用的危险废物进行了无害化处置		
4. 生产过程环境管理	备料、干燥、热磨、热压等主要工序的操作管理	严格按工艺操作规程		
	岗位培训	所有岗位进行过严格培训		
	生产设备的使用、维护、检修管理制度	有完善的管理制度，并严格执行		
	生产工艺用水、电、气的管理	安装计量仪表，并制定严格的定量考核制度		
	事故、非正常生产状况应急	有完善的应急措施及应急预案，并严格执行		
5. 相关方环境管理		对原材料供应方、生产协作方、相关服务方等提出环境管理要求		

从孤独拓荒者到绿色领潮人

——兴业银行绿色金融信贷模式的锻造

一、教学目的与用途

1. 适用对象与课程

本案例主要适用于工商管理研究生的《金融市场与机构》《商业银行管理》等课程，也可适用于金融学、国际经济与贸易等本科专业学生的《货币金融学》《金融前沿专题讲座》等课程。

2. 教学目的

本案例主要从信贷模式创新角度对兴业银行开展绿色金融业务创新的动机、过程和结果进行分析研究，预期达到如下三个方面的教学目标：

（1）运用金融创新理论和经营战略管理知识创新商业银行信贷模式，走差异化经营之路，并提升对信贷模式创新的分析能力和解决方案制定能力。

（2）掌握在绿色金融信贷模式创新中的风险规避

知识和操作方法。

（3）根据国家环保政策和自身实际情况，及时提升企业的社会责任意识和能力，平衡商业利益和社会责任，构建独具一格的品牌策略。

二、启发思考题

（1）在业务同质化严重、传统业务领域竞争激烈的情况下，兴业银行是如何想到信贷业务模式创新的？这对中小金融机构的差异化经营有何启示？

（2）兴业银行如何根据我国国情和国际经验进行绿色金融信贷模式的创新？创新性的绿色金融信贷模式有哪几种？各种模式的特点是什么？

（3）从企业经营战略的角度谈谈兴业银行进行绿色金融信贷模式创新的目的。

（4）在兴业银行创新绿色金融信贷模式的过程中，如何实现"把风险关进笼子里"？

（5）联系金融创新理论和企业社会责任理论，谈谈银行等金融机构应当如何平衡商业利益和企业社会责任。

三、分析思路

教师可以根据自己的教学目标来灵活使用本案例。

这里提出本案例的分析思路，仅供参考。

（1）在银行业务同质化严重、传统业务领域竞争激烈的背景下，兴业银行缺乏规模、人力、市场、地域等优势，发展空间狭小，要想在这种竞争中独占鳌头几乎是不可能的，最好的办法是独辟蹊径，进行信贷模式的创新。所以，兴业银行对其他金融机构看不上的能效贷款尽力争取，打造了区别于传统业务的能效贷款信贷模式；全力以赴采纳赤道原则并成为赤道银行，对绿色金融信贷模式进行有效改造；然后借鉴国际经验，结合自身实践锻造了丰富的绿色金融信贷模式，形成了绿色金融的品牌，成为绿色领潮人。

给中小金融机构的启示是：市场机会永远存在，只要有会发现的眼睛、勇于挑战的勇气和踏踏实实的付出，努力做到具有专业优势和鲜明特色，形成自身的业务模式和经营品牌，提高风险管理能力，打造差异化竞争优势，即使做不到行业最大，也可以在某一方面做到行业最强，做到独一无二。

（2）兴业银行研究了国外的绿色金融信贷模式，发现国外模式都是直接面向市场的，但如果直接照搬过来，面向市场推行这些绿色金融信贷模式，则成功率不会很高。只有结合中国和兴业银行的实际进行本土化改造，才能使这些信贷模式得以持续。因此，他们一方面积极巩固前期成果，延续由能效贷款而来的绿色金融信贷模式；另一方面着力整合资源，协同各方力量，提高绿色金融信贷效率，在已有的基础上进行绿色金融信贷模式的深化和创新。所以，兴业银行针对市场需求将绿色金融信贷分解成"8+1"运作模式，即 8 种绿色金融信贷模式和 1 种非信贷融资模式，每种模式适用于不同的融资企业，从而扩大了绿色金融的推广范围，业务领域拓展到了能源生产、输送和使用等各个环节。在 8 种绿色金融信贷模式中，有 5 种是直接面向企业和用户的贷款模式，另外 3 种是通过节能服务商或金融租赁公司面向企业或客户进行贷款。绿色金融信贷模式的种类以及各自的特点等可结合案例正文进行分析。

（3）企业的经营战略类似于一个铁三角，用公式表示为：战略 = 目标 + 时间 + 路径。对任何一个可操作的经营战略来说，目标、时间、路径三个要素和维度缺一不可（见图 1）。会"折腾"的企业无论在什么领域采取了何种方式，背后都有战略逻辑的支撑。

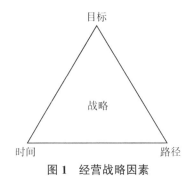

图 1　经营战略因素

兴业银行作为各方面都不够突出的金融机构，面临着业务范围狭小、经营风险比较高、商业利益不够大、肩负社会责任等多重困境，必须打造动态优势才有可能实现可持续发展。可持续本身是一个时间区间概念，也是一个相对概念，三十年是可持续，三天也是可持续，兴业银行要做的是"百年"可持续，并在持续发展过程中扩大经营范围、规避业务风险、提升商业利润，承担应有的社会责任。在这种情况下，它的生存之道就在于必须进行创新，有效地建立起竞争优势，即建立起基于战略柔性的动态优势，充分利用时间和有效路径向着目标前进。而在企业所有的创新中，商业模式创新属于最本源的创新，是其他管理创新、技术创新的基础。优秀的商业模式能将企业运行的内外要素创新性地整合起来，形成高效率的具有独特核心竞争力的运行系统，并通过提供产品和服务，实现持续盈利的目标。同时，动态优势建立的关键在于对快速变化的商业实践趋势的准确判断和把握，以及快速反应和决策的能力。所以，兴业银行敏锐地抓住了绿色金融发展的机遇，进行了绿色金融信贷模式的打造和不断创新，使这种商业模式成为推动兴业银行谋求长远发展的重要切入点，实现了可持续发展的目标。由此可见，兴业银行致力于"折腾"，但没有瞎折腾，而是努力为自己的可持续发展进行着切合实际的"折腾"，将绿色理念融入银行商业模式，对传统的银行商业模式进行重新审视和改造创新，开辟了新业务领域，寻找到一条更广阔的发展路径。

（4）在能效贷款阶段，兴业银行通过 IFC 的风险分担机制可以规避由节能贷款发生损失而造成的贷款本金损失。而在贷款过程中，兴业银行进行严格的贷前合规调查和贷款风险概率审查，尽力把风险扼杀在摇篮中。而且，此类信贷模式是将项目的销售现金流收入作为还款来源，将未来收益权作为抵押物，从而有效降低了中小企业节能减排融资门槛，延长了贷款期限（最高可达 5 年），使众多经营效益好、发展潜力大、生产经营优势明显但缺乏抵押担保资源的中小企业客户获得节能技改资金支持。这些优质的中小企业是兴业银行信贷风险低的重要保证。

在采纳赤道原则之后，兴业银行更是注重对风险的分析和规避。从管理流程开始，建立了环境审查、社会责任审查与信贷审查三位一体的审批流程。首先，要审查是否为项目融资。其次，要对适用范围内的融资项目按照潜在的环境社会风险和影响程度分为高（A）、中（B）、低（C）三类。对 A 类和 B 类（高风险和中风险）项目，借款人要完成一份《环境评估报告》，以说明怎样解决在分类过程中存在的环境和社会问题，然后完成以减轻污染与监控环境和社会风险为内容的《环境管理方案》。最后，银行与借款者签订契约，积极拓展国内外第三方评估机构资源，聘请独立的环保专家负责审查项目的《环境评估报告》和《环境管理方案》、行动计划以及磋商披露的记录等资料，并根据国情酌情调整评估流程，以确定贷款企业是否充分考虑到了环境与社会问题，是否违反了赤道原则，环境和社会风险系数有多高。在贷款期内，银行要对项目建设和运营实施持续性的监管，定期披露在赤道原则方面的实施情况。这样，银行建立起了科学的环境和社会风险管理制度，改进了原先略显薄弱的公司治理结构和风险管理体系，增强了对风险的控制能力。

在积极锻造"8+1"绿色金融信贷模式的过程中，兴业银行结合中国和自身实际进行了本土化改造。首先，进一步将收益权由"非标"确权为"标准化"抵押物，再辅以其他补充担保方式及信用增级手段，进一步解决节能环保企业的融资担保问题，留住了优质企业。其次，根据环保产业的特点，合理利用政府和社会资本合作的 PPP 模式，整合多方资源，有效分散风险，确保长期稳定收益。最后，大胆创新，根据市场需求锻造了 8 种绿色金融信贷模式和 1 种非信贷融资模式（即"8+1"模式），每种模式适用于不同的融资企业，从而扩大了绿色金融的推广范围，业务领域拓展到了能源生产、输送和使用等各个环节，也有效地规避了经营风险。

（5）金融创新（Financial Innovation）是指变更现有的金融体制和增加新的金融工具，以获取现有的金融体制和金融工具所无法取得的潜在利润，它是一个为盈利动机所推动、缓慢进行、持续不断的发展过程。

金融创新主要包括金融制度创新、金融市场创新、金融产品创新、金融机构创新、金融资源创新、金融科技创新和金融管理创新。在环境日益恶化的今天，银行等金融机构要着力承担起社会责任，不能仅仅关注商业利益。金融机构承担社会责任有两点依据：第一，金融机构是千千万万利益相关者的交集，金融机构的行为要同时兼顾千千万万人的利益和诉求。第二，金融机构不是自然物，它是一种社会存在，人们按照自己的价值观和理想赋予了其明确的社会角色，即获得经济利益，这是"天职"。因此，金融机构在承担社会责任时不能妨碍到自己的持续盈利能力，而是要尽量寻找与社会共享价值的切入点，实现自身与社会的共赢。

按照战略大师迈克尔·波特的思想，在企业如何承担社会责任上，存在着两种基本方式，一种是反应型的，另一种是战略型的。兴业银行承担的是战略型社会责任，即寻找能为企业和社会创造共享价值的机会，通过创新绿色金融信贷模式实现价值链上的创新。另外，企业还应在自己的核心价值主张中考虑社会利益，使社会影响成为企业战略的一个组成部分（如兴业银行公开宣布采纳赤道原则）。战略型社会责任以可持续发展理念整合企业经营全过程，在实践中投资于竞争环境中某些关键性的社会因素或者通过产品和服务创新、技术创新、流程创新等价值链创新活动，创造企业与社会的共享价值。

当今时代，企业的竞争环境和竞争规则已经发生了深刻的变化，由单纯的市场竞争转变为内涵更丰富的责任竞争。银行等金融机构应有目的、有计划地主动承担社会责任，并且将其纳入自身的经营发展战略，支持自身的经营发展目标，充分发挥自身的专业优势和特定资源优势，更好地服务于社会，并提升自身的竞争优势，实现自身与社会的双赢。

四、理论依据及分析

本案例虽然反映的是兴业银行深耕绿色金融信贷模式十年来的艰辛与收获，但究其实质，反映的是在金融市场竞争日趋激烈、国家环保政策的要求日益严格的情况下，金融机构原有的经营渠道和经营模式不能适应市场与新的行业发展要求，尤其是中小金融机构竞争力偏弱，不可避免地会出现各种适应性问题。因此，金融机构在解决这些问题时，首先要具备企业经营战略、可持续发展和金融风险管理的相关知识与理论，具备一定的金融创新能力，才能透彻分析本案例，并最终解决问题。具体理论如下：

1. 企业经营战略

经营战略是企业在符合和保证实现企业使命的条件下，在充分利用环境中存在的各种机会和创造新机会的基础上，确定企业同环境的关系，规定企业从事的事业范围、成长方向和竞争对策，合理地调整企业结构和分配企业的全部资源。经营战略具有全局性、长远性、抗争性和纲领性的特点。

（1）企业经营战略的三维内容。企业经营战略具有丰富的内容，大体上可以分解为战略要素、战略类型和战略效果三个维度。一是战略要素。包括战略方向、战略目标和任务、战略资源、基本策略和战略步骤。二是战略类型。分为发展战略和竞争战略两大类。发展战略主要解决如何筹集资源、如何满足社会需求、如何与自然环境相处以实现和谐发展的问题；竞争战略主要解决如何应对市场竞争，实现可持续经营和发展的问题。三是战略效果。其是决定战略要素、战略类型选择的依据，也是衡量经营战略优劣的尺度。它包括实现与环境的良性互动，提升竞争优势等。

（2）企业经营战略的效果评价。企业经营战略的效果评价包括五个方面：一是盈利能力。衡量盈利能力的主要指标为"剩余收获"，即账面的盈利额减去投资的成本。二是产品地位。即本公司产品在市场上的地位。三是市场地位。主要衡量指标为市场占有率、市场地区分布覆盖率。四是生产能力。即商品的投入与产量以及所提供的服务水平。五是人才利用状况。即人员培训状况、后备人员状况、人员安排状况等。企业经营战略的效果是企业各个方面相互配合、相互协调的结果。只有企业素质提高了，战略才算是成功的。

2. 金融创新理论

（1）金融创新的含义。金融创新（Financial Innovation）是变更现有的金融体制和增加新的金融工具，以获取现有的金融体制和金融工具所无法取得的潜在利润，它是一个为盈利动机所推动、缓慢进行、持续不断的发展过程。

（2）金融创新的动因。①顺应需求的变化。自20世纪50年代以来，竞争环境发生变化，经济变量剧烈波动，造成了巨额的资本利得或资本损失，并使投资回报率具有较大的不确定性，刺激了对满足该需求的创新的探求，由此创造了新的金融工具、金融市场和金融产品。②顺应供给的变化。计算机和通信技术的改善有力地刺激了金融创新。当能够大大降低金融交易成本的新计算机技术可以运用时，金融机构便可据此设想出可能对公众有吸引力的新的金融产品和金融工具。③规避既有管理法规。由于金融业较其他行业受到更为严格的管理，政府管理法规就成为这个行业创新的重要推动力量。当管理法规的某种约束可以合理地或被默认地予以规避，并可以带来收益时，创新就会发生。

（3）金融创新的内容。①金融制度创新。金融制度创新包括金融组织体系、调控体系、市场体系的变革及发展。它影响和决定着金融产权、信用制度、各金融主体的行为及金融市场机制等方面的状况和运作质量。②金融市场创新。金融市场创新主要指的是微观经济主体开辟新的金融市场或宏观经济主体建立新型的金融市场。随着金融市场向更高级金融市场的过渡和转化，可以实现由封闭型金融市场向开放型金融市场的拓展。③金融产品创新。金融产品的核心是满足需求的功能，它包括金融工具和银行服务。金融产品的形式是客户所要求的产品种类、特色、方式、质量和信誉，使客户方便、安全、盈利。④金融机构创新。金融机构创新从金融创新经营的内容和特征出发，以创造出新型的经营机构为目的，建立完整的机构体系。⑤金融资源创新。金融资源创新主要包括金融资源的来源创新、金融资源的结构创新和金融资源的聚集方式创新。⑥金融科技创新。主要体现在银行和非银行金融机构的金融服务讲究速度与效率，以及科学技术在金融领域的应用，对金融业务具有划时代的影响。⑦金融管理创新。它包括两个方面：一方面，国家通过立法间接对金融业进行管理，目标是稳定通货和发展经济；另一方面，金融机构内部的管理，建立完善的内控机制，包括机构管理、信贷资金管理、投资风险管理、财务管理、劳动人事管理等。

3. 环境金融理论

（1）环境金融的内涵。环境金融是金融业根据环境产业的需求而进行的金融创新，是对传统金融的延伸和升华。环境金融是环境经济的一部分，主要研究如何使用多样化的金融工具来保护环境、保护生物多样性。环境金融不仅要求金融业引入环境保护理念，形成有利于节约资源、减少环境污染的金融发展模式，更强调金融业关注生产过程和人类生活中的污染问题，为环境产业发展提供相应的金融服务和产品，促进环境产业的发展。随着全球环保产业的蓬勃发展，环保产业和金融市场互动而产生了全新的环境金融领域。环境金融成为优化配置环保资源、促进环保产业发展和提高环保企业效益的一种有效手段。实施环境金融，对于发展低碳经济和构建和谐社会具有重大的意义。

（2）国外环境金融的发展。在国外，环境金融的实践肇始于 20 世纪 80 年代初美国的"超级基金法案"，该法案要求企业必须为其引起的环境污染负责，从而使得信贷银行高度关注和防范由于潜在环境污染所造成的信贷风险。随后，英国、日本、欧盟等各国政府和国际组织进行了多种尝试与探索，积累了一些经验。如 1991 年美国银行基于避免环境债务风险的贷款程序变革、美国进出口银行的环境评估政策、英国金融创新研究中心的环境风险评级，以及日本促进节能技术发展的信贷支持政策等，特别是 2003 年 7 个国家的 10 家主要银行宣布实行赤道原则（the Equator Principles），第一次确立了国际项目融资的环境与社会的最低行业标准，对于环境金融的创新有极大的推动作用。

（3）国内环境金融的发展。1994 年，我国政府确立了可持续发展的基本国策。贯彻落实保护环境，走可持续发展的道路，是我国既定的发展战略，也是金融业兴旺发达的基础。同时，资本市场内的金融机构作为特殊的企业，也要考虑其经营的风险和收益，环境风险已经越来越为金融企业所重视。目前，在国家政策的指导下，我国的金融业开始改变观念，向"环境友好型"过渡，环境金融理念也逐渐地提升到操作层面。1995 年，随着《中国人民银行关于贯彻信贷政策与加强环境保护工作有关问题的通知》和《国家环境保护局关于运用信贷政策促进环境保护工作的通知》的先后颁布，商业银行开始涉足环保领域。2007 年以来，我国环保总局会同银监会、保监会、证监会不断推出"环保新政"，相继出台"绿色信贷""绿色保险"和"绿色证券"产品，在国内掀起了一场"环境金融"风暴，同时也为环保产业与金融市场的紧密联系指明了未来的发展方向。

我国的环保产业在政府的重点扶持下，环保技术和环保设备的研发突飞猛进，一些产品技术达到了国际领先水平。而在资本市场方面，随着我国金融市场对外逐步开放，金融体系不断完善。我国大量引进先进的金融技术，同时不断进行金融创新，增加金融服务品种，提高服务质量。金融手段、金融工具趋于多样化，金融风险控制能力不断提高，金融与其他产业的结合也取得了巨大的成功。这就使基于环保产业和资本市场互动的环境金融创新得到了支撑与发展。

4. 企业社会责任理论

（1）企业社会责任的内涵。企业社会责任是指企业在创造利润、对股东和员工承担法律责任的同时，还要承担对消费者、社区和环境的责任，企业的社会责任要求企业必须超越把利润作为唯一目标的传统理念，强调在生产过程中对人的价值的关注，强调对环境、消费者、社会的贡献。

（2）企业对社会的责任。企业主要有八大社会责任：一是明礼诚信，确保产品货真价实的责任。二是科学发展，即要顾及长远、全局和友邻。三是可持续发展。即企业的发展一定要与节约资源相适应。四是保护环境，维护自然和谐。五是文化建设，肩负起发展医疗卫生、教育和文化事业的责任。六是发展慈善事业，积极参与社会的扶贫济困，促进社会的发展和企业自身的发展。七是保护职工健康，不断提高工人工资水平和保证按时发放，多与员工沟通，多为员工着想。八是发展科技，通过科技创新，降低煤、电、油、运的消耗，进一步提高企业效益。

（3）企业对资源环境和可持续发展的责任。工业文明在给人类社会带来前所未有的繁荣的同时，也给我们赖以生存的自然环境造成了灾害性的影响。企业对自然环境的污染和消耗起了主要的作用。近半个世纪以来的环境革命改变了企业对待环境的态度，从矢口否认对环境的破坏转为承担起不再危害环境的责任，进而对环境施加积极的影响。然而，环境日渐好转的情况仅仅发生在发达国家，整个人类并未走上可持续发展的道路。造成这种局面的根源在于新兴国家人口和经济的飞速增长。虽然这些政治和社会问题超出了任何一个企业的管辖与能力范围，但是集资源、技术、全球影响以及可持续发展动机于一身的组织只有企业，所以企业应当承担起建立可持续发展的全球经济这个重任，进而利用这个历史性转型实现自身的发展。

五、背景信息

1. 国家可持续发展的相关政策

1994 年，我国政府确立可持续发展为我国的基本国策。1995 年，中国人民银行和国家环保局先后颁布了《中国人民银行关于贯彻信贷政策与加强环境保护工作有关问题的通知》和《国家环境保护局关于运用信贷政策促进环境保护工作的通知》。2006 年"十一五"规划提出了单位 GDP 能耗降低 20%、主要污染物排放总量减少 10% 的约束性指标。2009 年，我国提出到 2020 年单位 GDP 二氧化碳排放强度比 2005 年下降 40%~45% 的行动目标。2011 年，我国"十二五"规划明确坚持把建设资源节约型、环境友好型社会作为加快转变经济发展方式的重要着力点，深入贯彻节约资源和保护环境的基本国策，节约能源，降低温室气体排放强度，发展循环经济，推广低碳技术，积极应对全球气候变化，促进经济社会发展与人口资源环境相协调，走可持续发展之路。而且，水资源利用保护得到国家的日益重视。2011 年，国家"十二五"规划提出了实行最严格的水资源管理制度。2012 年，陆续出台了一系列加强我国水资源利用和保护的政策与规划。2014 年，国务院办公厅《关于推进环境污染第三方治理的实施意见》要求"一行三会"会同有关部门研究支持环境服务业发展的金融政策。

2015 年，我国迎来了环保行业的"防治元年"，多项政策密集发布：1 月 1 日，人称"史上最严"的新环保法生效实施；1 月 13 日，中国银监会、国家发改委联合发布《能效信贷指引》，鼓励金融机构积极开展能效信贷业务，支持产业结构调整和企业技术改造升级；1 月 14 日，国务院发布《关于推进环境污染第三方治理的实施意见》；1 月 15 日，全国环境保护工作会议召开；4 月 1 日，国务院印发《水污染防治行动计划》，即"水十条"，正式向水污染宣战；5 月，《关于加快推进生态文明建设的意见》出台，将绿色化与新型工业化、城镇化、信息化、农业现代化并列提出，被明确定位为五大发展新理念之一；9 月，《生态文明体制改革总体方案》发布，首次明确提出要建立我国的绿色金融体系。

2016 年 3 月，全国人大通过的《"十三五"规划纲要》明确提出，要"建立绿色金融体系，发展绿色信贷、绿色债券，设立绿色发展基金"。构建绿色金融体系已经上升为中国的国家战略。2016 年 8 月 31 日，中国人民银行、财政部等七部委联合印发了《关于构建绿色金融体系的指导意见》。随着该指导意见的出台，中国成为了全球首个建立了比较完整的绿色金融政策体系的经济体。9 月，G20 峰会在杭州召开，在中国的推动下，首次将绿色金融纳入议题。

2. 赤道原则在全球的采纳情况

2002 年 10 月，国际上一些主流银行，如花旗集团、荷兰银行、巴克莱银行、西德意志银行等 9 家银行和国际金融公司（IFC）在英国的格林威治一起商议银行在项目融资过程中应如何关注环境问题、社会问题，在这个过程中应该遵循哪些原则，在参考世界银行（World Bank）环境准则和国际金融公司（IFC）社会政策的基础上达成了共识，共同起草发起了格林威治原则。该原则于 2003 年 5 月更名为赤道原则并沿用至今。它是一套自愿接受的用以确定、评估和管理项目融资过程中所涉及社会和环境风险的金融界指标。2003 年 6 月 4 日，包括 4 家主要发起银行在内的 7 个国家的 9 家国际领先银行宣布采纳并实行赤道原则。后来一些非政府组织提到，这个原则不应该仅仅是发达国家的富人俱乐部的原则，也应该是发展中国家共同遵守的原则。目前，全球已有包括汇丰银行、花旗银行、巴克莱银行在内共计 36 个国家和地区的 83 家金融机构采纳赤道原则，其项目融资额占全球项目融资总额的 80% 以上。2017 年 1 月 20 日，江苏银行宣布在国内城商行中率先采纳赤道原则，这是国内继兴业银行之后，中国内地第二家采用赤道原则的商业银行。

3. 当前绿色金融在中国的发展

随着可持续发展理念的逐步深入以及金融体系的完善，发展绿色金融在国际银行业已成为共识。近两年来，我国绿色金融发展速度显著加快。党的十八届三中全会通过的《中共中央关于全面深化改革若干重大问题的决定》强调，"必须建立吸引社会资本投入生态环境保护的市场化机制"。通过杠杆作用和资源配置的功能，金融可以引导资金流向，在环境保护、和谐发展方面发挥积极作用，进而影响绿色发展。截至 2016 年底，我国银行业绿色信贷余额超过 8 万亿元，其中，21 家主要银行业金融机构的绿色信贷余额达 7.01 万亿元，较年初增长 16.42%。中国的绿色信贷已经占国内全部贷款余额的 10%。另外，中国已经成为全球最大的绿色债券市场，从 2016 年初到 7 月 25 日，中国发行的绿色债券已经达到 1140 亿元，占全球同期绿色债券发行量的 45%。国内首只基于碳效率的交易型指数——上证 180 碳效率指数已正式发布，进一步丰富了指数体系，为投资者提供了新的分析工具和投资标的。

中国绿色金融迅速发展以及中国对绿色金融国际合作的积极推动，使中国在该领域的国际影响力不断提升。中国绿色金融的发展和 G20 绿色金融研究小组的工作，已经在全球财经政策层面和金融界产生了十分积极的影响，不少国家和地区纷纷开始探索在本国推动绿色金融创新和建立包括绿色债券市场在内的绿色金融的路径。

不过，我国绿色金融体系依旧不够健全，绿色金融信贷模式还不够完善，亟待更多的金融机构在金融领域有所作为。

六、课堂计划建议

本案例可以采取专题性启发式教学的方式，主要分为三个部分：课前准备部分、课中讨论部分和课后归纳总结部分。

本案例中的兴业银行主要从事金融业务，在经营过程中出现了很多影响经济效益和行业地位的问题，而且金融机构作为企业也需要承担社会责任。在我国政策法规不够健全的情况下，金融机构应审时度势地探索战略转型与金融创新。因此，在本案例的行业新兴性、金融创新性、社会责任承担性、金融服务体系构建等方面，都有着较大的可讨论空间。教师可以侧重在上述方面加以引导。

从教师的角度，重点是引导学员对案例进行深入讨论和开展进一步的延伸思考。

1. 课前准备部分

（1）学员自行完成案例的阅读和理解。

（2）分组分时间阶段进行讨论思考，建议从能效融资阶段组、赤道银行阶段组以及新时代阶段组三个阶段进行深入分析。

1）能效融资阶段组：讨论当时的发展现状、内外交困的问题、基于金融市场的创新处理、亟须完善的金融理论。

2）赤道银行阶段组：讨论在内外压力大的时候企业的社会责任和经济效益问题，对金融机构在经营战略转型和业务创新上提出建议。

3）新时代阶段组：讨论绿色金融信贷模式的国外借鉴，以及在前期绿色金融经验的基础上进行信贷模式创新的理念、理论、方式和特点等。

2. 课中讨论部分

时间控制在 80~90 分钟。

（1）分组汇报（30 分钟）：各组按事前角色合理分配，就讨论得出的主要结论交流汇报，每组时间不超过 10 分钟。

（2）讨论交流（30 分钟）：各组按角色进行提问，在讨论过程中，教师要注意围绕教学思路，结合讨论题适时地推进讨论过程，引导学生更深入地思考。

（3）总结点评（20 分钟）：讨论结束后，教师要结合讨论题，有侧重地对讨论的情况，特别是学生的争论集中点进行总结和点评。

3. 课后归纳总结部分

结合课前准备和课堂讨论，让学生就兴业银行所在行业发展中存在的业务同质化和竞争激烈、企业经营战略转型、规避金融风险、商业利益和社会责任冲突等问题进行归纳总结。同时，结合我国现行金融政策法规的空白地带，给予金融机构合适的金融创新规划。

七、案例的应用

随着互联网的加速发展，新型的融资业务不断增多。但随着经济的发展，越来越多的环境却被破坏，出现了很多银行等金融机构必须面对的经济效益和社会责任问题。建议以此案例为切入点，更多地探索在绿色金融领域的新发展、新模式和新业务，以降低"三高"企业比重，促进新兴环保产业发展，构建新型的商业模式，实施有效的金融创新管理和服务措施。

八、参考文献

［1］马骏. 中国绿色金融发展与案例研究［M］. 北京：中国金融出版社，2016.

［2］郭濂等. 生态文明建设与深化绿色金融实践［M］. 北京：中国金融出版社，2014.

［3］徐枫. 绿色金融的发展与创新［M］. 北京：中国金融出版社，2015.

［4］绿色金融工作小组. 构建中国绿色金融体系［M］. 北京：中国金融出版社，2015.

［5］李晓西，夏光. 中国绿色金融报告［M］. 北京：中国金融出版社，2014.

［6］王遥，潘冬阳，张笑. 绿色金融对中国经济发展的贡献研究［J］. 经济社会体制比较，2016（6）.

［7］冯乾，余世暐. 中国绿色金融的理论与实践探索［J］. 清华金融评论，2016（9）.

［8］王福成. 绿色发展理念与马克思主义关于人和自然关系的原理［J］. 经济学家，2016（7）.

［9］刘瀚斌. 绿色金融模式的五种猜想［N］. 中国环境报，2016-04-06.

［10］高建平. 以十八届三中全会精神引领兴业银行转型发展［J］. 福建金融，2014（1）.

［11］马思敏. 开展绿色信贷对银行竞争力的影响

分析——以兴业银行为例［J］.当代经济，2016（8）.

　　［12］李淑文.低碳发展视域下的绿色金融创新研究——以兴业银行的实践探索为例［J］.中国人口·资源与环境，2016（5）.

　　［13］赵睿.兴业之道——访兴业银行董事长高建平［J］.银行家，2013（7）.

　　［14］孙芙蓉.兴业银行解码：兴百业而后银行兴［J］.中国金融，2013（16）.

　　［15］崔文馨，胡援成.商业银行绿色金融信贷模式剖析——基于兴业银行的案例视角［J］.武汉金融，2014（12）.

　　［16］Michael Pahle. Can the Green Economy Deliver It All? Experiences of Renewable Energy Policies with Socio-economic Objectives［J］. Applied Energy，2016（179）：1331–1341.

　　［17］Thiago Alexandre，Luis Cruz. Economic Growth and Environmental Impacts：An Analysis Based on a Composite Index of Environmental Damage［J］. Ecological Indicators，2017（76）：119–130.

　　［18］J. D. González Ruiz. A Proposal for Green Financing as a Mechanism to Increase Private Participation in Sustainable Water Infrastructure Systems：The Colombian Case［J］. Procedia Engineering，2016（145）：180–187.

［19］ Chiara Criscuolo，Carlo Menon. Environmental Policies and Risk Finance in the Green Sector：Cross - country Evidence［J］. Energy Policy，2015（83）：38-56.

［20］ Jeucken M. Sustainable Finance and Banking ［M］. USA：The Earthscan Publication，2006.

联想（Lenovo）集团的海外并购战略与国际税收筹划

一、教学目的与用途

1. 适用对象与课程

本案例主要适用于本科及硕士研究生的《企业战略》《战略管理》《市场营销》《国际税收》《国际会计》《纳税筹划》等课程，也可作为 MBA 教学案例和在企业高管培训中使用。

2. 教学目的

通过本案例的研究讨论，学生应该实现以下目标：

（1）认识到税收筹划的重要性，学会运用税收筹划的方法对真实的企业进行海外并购中国际税收筹划方案的设计，以实现企业价值的最大化。

（2）掌握国家的税收优惠政策，并能充分利用优惠政策进行企业税收筹划。

（3）能够分析出企业在海外并购活动中税收筹划

存在的主要问题及涉税风险点，并提出相应的筹划方案。

本案例根据新闻报道及联想公司公开的财务报告及其他信息汇总编写。本案例属于描述型案例，主要通过对联想公司的海外战略并购进行全面、深入的分析，让不同知识层次和使用需求的学员掌握企业成长、战略收购、海外扩张方式、融资方式选择、收购对价方式、税收筹划等相关知识和理论，并能灵活运用，解决企业发展过程中出现的问题。

目前，经济全球化趋势不断增强，中国政府适时提出了"一带一路"建设构想，为很多国家提供了优势互补、开放发展的国际合作新平台，提供了更好的发展机遇。在这种形势下，国内很多企业势必走上对外扩张的发展之路。通过对联想海外并购案的分析，归纳总结已实施海外并购的公司，如中海油、海尔、小米等的相同点和不同点，促进学生对相关理论和实践进行思考。

二、启发思考题

（1）联想公司在国内发展良好，为何选择并购 IBM 亏损严重的 PC 部门？

（2）联想公司在对 IBM 的海外并购中为何选择案例中的财务税收方案？

（3）联想公司海外并购的总体策略是什么？为什么？

（4）联想公司选择了何种发展战略？效果如何？对国内企业进一步拓展海外并购业务有哪些启示？

三、分析思路

教师可以根据自己的教学目标（目的）来灵活使用本案例。这里提出本案例的分析思路，仅供参考。

（1）从市场营销学的角度分析，联想产品在国内市场的开发是否已足够充分？为什么联想在 2004 年进行海外并购是必然的选择？国内成功的经验是否可以在海外复制？

（2）从账务管理的角度分析，联想公司并购中相关筹资方式及购买对价的选择是否是最优方案？还有什么不足的地方需要改进？

（3）从纳税筹划的角度分析，联想公司的并购行为中相关方式的选择是否可以将联想公司的税负降到最低？对于本次并购，联想公司如何制订适合的税务计划？

（4）分别从垄断优势理论、内部化理论、国际生产折衷理论等出发，分析企业进行海外并购的原因，以及针对国际化过程中出现的困难和问题，需要考虑哪些方面的因素，如何运用相关知识和理论去灵活地解决。

（5）运用战略管理的相关理论，对联想的战略并购行为效果进行评估，包括战略规划安排、并购过程中方式和方法的选择、并购完成后战略目标的实现等。比较分析联想这次成功收购 IBM 公司 PC 部门与其他一些公司成功和失败案例之间的相同点与不同点，以及它们的相关成功经验能否为其他公司提供有益的借鉴。

四、理论依据及分析

1. 海外并购的理论基础

（1）对外投资理论构成。①垄断优势理论。该理论的核心内容是市场不完全与"垄断优势"。②内部化理论。该理论以内部市场取代原来固定的外部市场，企业内部的转移价格起着润滑内部市场的作用，使之与固定的外部市场发挥同样的效用。企业倾向于通过对外直接投资开辟内部市场，将原本通过外部市场进行的交易转化为内部所属企业间的交易，以降低交易成本。③国际生产折衷理论。该理论的核心是，企业跨国经营是该企业具有的所有权特定优势、内部化优势和区位优势作用的综合结果。

（2）并购理论构成。①交易成本理论。企业进行并购是为了降低交易成本，当交易成本大于企业内部的协调成本时，并购就发生了。②市场势力理论。企业进行并购是为了提高市场占有率，横向并购可以使竞争对手变少，提高企业的市场份额以及市场控制力，实现规模经济。③协同效应理论。该理论认为并购可实现"1 + 1 > 2"的效果，实现营销与销售的协同效应、经营协同效应、财务协同效应和管理协同效应。

2. 战略管理的相关理论

（1）战略管理原则和方法。企业发展战略的选择一般应遵循以下基本原则：全局性原则、长期性原则、现实性原则、竞争性原则和适应性原则。企业战略管理的方法主要包括：战略分析、战略选择、战略实施和战略控制。

（2）核心能力理论。本质上，企业是一种能力的集合体。积累、保持和增强能力是企业维持长久竞争优势的关键。持续学习是企业获得核心能力的最有效途径。

（3）竞争战略理论。在市场竞争日益激烈的形势下，企业如何在竞争中谋求一定程度的可持续发展，是每个企业都面临的课题。竞争战略就是一个企业在同一使用价值的竞争上采取进攻或防守行为。

3. 财务管理的相关理论

（1）资产投资决策。投资者为实现预期投资目标，通过特定的程序对投资必要性、投资目标、投资规模、投资方向、投资结构、投资成本与收益等经济活动中的重大问题进行分析、判断和方案选择。

（2）企业筹资决策。筹资主要是指企业作为市场主体，从市场中获取用以扩大再生产的资金。常见的企业筹资方法是发行债券和股票以及直接借贷等。

（3）资本结构理论。资本结构理论是研究公司筹资方式及结构与公司市场价值之间关系的理论。莫迪利安尼和米勒提出，在完善和有效率的金融市场上，企业价值与资本结构和股利政策无关。

（4）等级筹资理论。①外部筹资成本不仅包括管理成本和证券承销成本，还包括不对称信息所产生的"投资不足"引起的成本。②负债筹资优于股权筹资。由于企业所得税的节税利益，负债筹资可以增加企业的价值，即负债越多，企业价值增加得越多，这是负债效应之一。但是，财务危机成本期望值的现值和代理成本的现值会导致企业价值的下降，即负债越多，企业价值的减少额越大，这是负债效应之二。因此，企业应适度负债。③由于信息非对称，企业需保留一定的负债容量以便有利可图的投资机会来临时发行债券，避免以太高的成本发行新股。

4. 税收筹划的相关理论

（1）税收筹划的基础知识。税收筹划是纳税人在现行法律框架内，通过对其经营活动的安排，达到少纳税或推迟纳税目的的行为。税收筹划理论是以"税后收益最大化"为目标，在实施"税后收益最大化"这一决策准则时考虑税收的作用。

税收筹划产生的原因：第一，税种的税负弹性；

第二，纳税人定义上的可变通性；第三，课税对象金额上的可调整性；第四，税率上的差异性。

税收筹划的目标：第一，减轻纳税主体的税收负担，实现经济学上的帕累托效益最优；第二，争取延期纳税，获得资金的时间价值；第三，争取涉税过程中的零风险，实现涉税过程中的外部经济；第四，降低纳税筹划成本，提高纳税主体的经济效益。

税收筹划的原则：第一，服务于企业财务管理的总体目标；第二，服务于财务决策；第三，合法性；第四，综合性；第五，事先筹划。

（2）税收筹划的一般方法。①充分利用税收优惠政策。纳税人可以利用税法对某些纳税人或征税对象给予的鼓励或照顾政策进行筹划，包括利用免税、利用减税、利用税率差异等。②分劈技术。即在合法、合理的情况下，使得所得、财产在两个或多个纳税人之间进行分劈，从而直接节税。③税收扣除。即在合法、合理的情况下，使扣除额增加而实现直接节税，或调整各个计税期的扣除额而实现相对节税。④税收抵免。即在合法、合理的情况下，使税收抵免额增加而节税。⑤纳税期的递延。即在合法、合理的情况下，使纳税人延期缴纳税收而节税的筹划方法。⑥会计政策的选择技术。即利用会计处理方法的可选择性进行筹划。

（3）绝对节税的原理。使应纳税绝对总额减少的原理可以分为直接绝对的节税原理与间接绝对的节税原理。直接绝对的节税原理是在各种可选择的方案中，选择缴纳税收最少的方案。本案例通过对不同税务筹划方案的比较，选择在保证企业价值最大化的前提下，使应纳税绝对额减少。

（4）财务制度的相关规定。企业财务制度可以规范企业日常财务行为，发挥财务在企业经营管理和提高经济效益中的作用，便于企业各部门及员工对企业财务工作进行有效监督，充分发挥其职能。相关规定主要依据《中华人民共和国会计法》《企业会计准则》等。

五、背景信息

1. 我国企业逐步实施"走出去"战略

自加入世界贸易组织（WTO）以来，我国企业从在海外直接设厂、实地投资到与国外企业合作、建立联盟，再到海外直接并购，积极实施"走出去"战略。2008 年国际金融危机爆发以来，我国企业在"走出去"战略中最引人注目的行动就是"海外抄底"。仅2009 年就有四家中国企业几乎同时发起在澳大利亚的投资邀约，分别为中铝并购力拓、五矿并购 Oz Miner-als、华菱注资 FMG 和鞍钢注资金必达。2009 年 2 月，四份申请递交到了 FIRB（澳大利亚外商投资研究委员会），但四起交易审查却同时遭遇延期，经过长达四个月的僵持，2009 年 6 月中国铝业集团彻底失去了增持力拓的机会，但事隔一周，中国五矿集团收购 Oz Minerals 却获得了批准。此后，我国企业海外并购的好戏仍在不断上演。

2. 海外并购战略类别分类

一般情况下，海外并购战略大致可分为技术获取型海外并购战略、资源获取型海外并购战略、市场获取型海外并购战略和其他类型海外并购战略。

（1）技术获取型海外并购战略。研发一项新的技术不仅需要投入大量的资金和人力，而且需要很长的投资回报期，企业所冒的风险极大。据统计，跨国公司 95% 的研发项目是失败的，在成功的研发项目中，有 80% 以上的技术产品会遭遇市场失败。而我国企业研发能力普遍较差，海外并购是以低成本获得宝贵核心技术和大量人力资源的捷径。2006 年，长虹并购韩国"等离子技术鼻祖"欧丽安等离子公司，获得了等离子的核心科技。之后通过整合彩虹、欧丽安等离子的技术资源，形成了以位于四川绵阳的虹欧公司为核心，北京 PDP 研发中心和韩国 PDP 研发中心为技术支撑的等离子研发体系，通过北京研发中心进行产品设计和研发，韩国研发中心参与研究，虹欧公司进行产品的量产开发和验证，实现了等离子技术的整合创新，彻底解决了技术来源和技术升级问题。

（2）资源获取型海外并购战略。资源获取型海外并购在我国企业海外并购中显得尤为引人注目。1992年，首钢总公司以 1.20 亿美元收购秘鲁铁矿公司的全部资产。2009 年，中铝以 195 亿美元角逐力拓；中石油以 18 亿美元收购阿萨巴斯卡油砂公司的两个油砂项目。2010 年的并购大潮还是以资源获取型海外并购拉开了序幕：3 月 8 日，壳牌公司与中石油向澳大利亚煤层气生产商 Arrow 能源公司发出无约束力但有条件的联合收购要约。2011 年上半年，我国企业资源获取型海外并购案中，能源行业 18 起、钢铁行业（铁矿石）3 起、有色金属行业 4 起。资源性行业之所以发生如此多的并购案，与其行业特征有关。由于资源的不可再生性和有限性，加之国内资源短缺，企业不得不进行海外并购，获取原材料，以防止在议价和市场竞争中处于劣势地位。

（3）市场获取型海外并购战略。一方面，中国是世界上反倾销的最大受害国。据统计，世界上平均每 6~7 个反倾销和保障措施案件中，就有一件是针对中国产品的。截至 2009 年 12 月，共有 20 个国家和地区对中国发起 107 起"两反两保"贸易救济调查，涉案金额约 119 亿美元。正是在这种大背景下，中国企业并购国外同类企业可以避开国外市场对中国产品的反倾销壁垒，迅速进入并扩大国际市场。另一方面，中国产品给人的印象大多是质量差、价格低，中国加工制造企业大多是以代加工为主，很少有自己的自主品牌，在国外市场上占有率低，很难为国外市场所接受。通过对国外知名品牌的并购可以使企业获得品牌优势，借此打开国外市场的大门。2010 年 7 月 29 日，山东如意科技集团成为日本成衣巨头 RENOWN 公司的第一大股东，同时向其董事会派出 3 位中国籍董事。2011 年 9 月，支付宝与安卡国际集团旗下安卡支付达成收购协议，安卡支付主要为多所大型航空公司如国泰航空、港龙航空和长荣航空的乘客提供线上支付服务，并为其呼叫中心提供支付界面。完成并购后，支付宝与安卡支付的业务会进行整合，为更多的国内用户提供国泰航空、港龙航空和长荣航空的客票支付服务。

3. 海外并购战略面临的主要问题

（1）被并购方所在国的政府阻碍。在我国企业海外并购过程中，有的国家把中国经济的强大视为对本国经济的一种威胁，蓄意设置障碍来干扰并购，如利用税收制度、进出口规定、市场准入制度等法律手段和审批程序来限制中国企业对其国内企业的并购。2009 年，因未获利比亚方面批准，中石油放弃了收购加拿大 Verenex 能源公司。与此同时，中海油和中石化欲联合收购美国马拉松石油公司持有的安哥拉某一石油区 20% 权益的海外油气项目，也因政府审核未通过而夭折。因此，我国企业海外并购过程中面临所在国政府的阻碍是重要问题之一。

（2）缺乏全面细致的整体规划。我国企业海外并购往往呈现出这样一种状态，即发现海外并购的机会在前，可行性分析在后，时间一般较为仓促，往往不能对所有的备选方案进行全面性和系统性分析，而是进行盲目扩张，并购后可能使企业背上沉重的包袱。以上汽集团并购双龙为例，在没有进行全面的尽职调查和战略规划的情况下，上汽集团匆忙出手，从双龙宣布重组到并购结束仅不到一年。并购后在整合双龙的过程中，上汽集团做出了很多努力，但终因两国文化的差异和强势工会的阻挠，历时三年的并购整合以失败告终。

（3）缺乏有针对性的宣传手段。在我国企业海外并购失败的案例中，宣传手段不当的现象屡见不鲜。其中，一些企业是因为宣传过度，使得当地政府和民众产生抗拒心理，认为中国企业野心勃勃，使其产生危机感，从而导致并购失败。如上汽集团在并购过程中就表现得过于高调，在国内和韩国大肆宣传，导致韩国双龙工会和韩国民众的反感，这也是其失败的原因之一。此外，还有一些企业因为宣传过于低调，没有获得相应的政府支持，使得并购活动不被对方认可。

六、关键要点

（1）企业发展永无止境，发展道路选择各异，各有优缺点，企业应根据自身定位，全方位地对未来发展战略进行权衡，扩大国内市场占有率，开发更广阔的国内市场。因此，应找准企业的战略定位，选择特定时期适合发展的策略，形成特色发展模式。在案例分析中，本案例基于联想海外并购战略的发展定位，从税收筹划视角分析了企业的策略选择和发展体系。

（2）企业在并购中应选择正确的对价支付方式，进行合适的纳税筹划，以尽可能少的投入追求利润的最大化。本案例从联想海外并购的税收筹划视角进行联想海外并购活动的战略性分析，以此分析我国企业海外并购中应当考虑解决的重要问题。联想公司本次并购有哪些可取的地方，能为正欲进行海外并购的企业提供什么样的参考，这些都需要我们进行认真、深入的思考。

七、课堂计划建议

本案例可以作为专门的案例讨论课来进行。以下是按照时间进度提供的课堂计划建议，仅供参考。

整个案例课的课堂时间控制在 80~90 分钟。

1. 课前计划

提出启发思考题，请学员在课前完成阅读和初步思考。

2. 课中计划

（1）简要的课堂前言，明确主题（2~5 分钟）。

（2）分组讨论（30 分钟），告知发言要求。

（3）小组发言（每组 5 分钟，控制在 30 分钟内）。

（4）引导全班进一步讨论，并进行归纳总结（15~20 分钟）。

3. 课后计划

如有必要，请学员采用报告形式给出更加具体的解决方案。